中央财经大学"双一流"建设国际税收项目　中央财经大学标志性科研成果培育项目
百年变局中的国际税收改革　　　　　马海涛　总主编

REFORM OF INTERNATIONAL TAX GOVERNANCE IN THE DIGITAL ECONOMY

数字经济国际税收治理变革

2

挑战、应对与机制篇
CHALLENGES, RESPONSES AND MECHANISMS

王卫军　曹明星　朱长胜　姚志　著

社会科学文献出版社
SOCIAL SCIENCES ACADEMIC PRESS (CHINA)

丛书序

当今世界正经历百年未有之大变局,数字化转型成为经济发展的新引擎。数字经济背景下,市场国征税权成为国际税收秩序世纪变革的重大战略变量。市场国征税权的兴起,使得当前的国际税收改革大大超越了原来的全球反避税范畴,谋求国际税收公平以改变国际经济失衡的单边、双边和多边规则,正在欧美主导的博弈中不断出台。而身为发展中国家且已是全球数字经济大国的中国,目前在税基安全、公平和发展的多重复杂目标下面临诸多抉择困惑。面对数字经济下国际税收管辖权分配的变化与创新,我们需要重新认知环境、明确立场,因为市场国征税权的竞争,关乎国家税收利益、世界产业格局,将极大地影响未来全球政治经济格局的塑造。

"数字经济国际税收治理变革"系列研究尝试对上述

问题做出初步解答。研究形成了三部在逻辑上构成整体而又各自自成体系的成果，分别是"理论、战略与政策篇""挑战、应对与机制篇""案例、专题与评注篇"。

第一部首先从政府贡献视角大胆对国家和国际税收基础理论进行创新，其次力图构造与升级经合组织的税基侵蚀与利润转移（BEPS）反避税战略，打造适应"一带一路"倡议的税基共建与利润共享（New-BEPS）国际税收合作战略，最后尝试厘清税收与经济利益的中国关切，并提出应对数字经济国际税收治理变革的中国方案。

第二部在全面认识数字经济本质和当前国际税收秩序的基础上，首先探寻当前国际税制落后于数字经济的矛盾焦点，其次剖析参与其中的各相关方采取的对策和专家学者给出的建议，最后给出税基共建与利润共享（New-BEPS）战略具体落地的安排。

第三部从纷繁芜杂的社会现实中搜寻关于数字经济国际税收改革的相关新闻和案例资料，从不同侧面认识当前的矛盾以及各方采取的对策，了解相关专家学者的建议，以对当前的数字经济国际税收改革全景有更清晰的认知。

"数字经济国际税收治理变革"系列研究，是本人和曹明星老师在中国财政发展协同创新中心规划的国际税收跨学科团队重点研究项目，是中央财经大学标志性研究成果之一，研究过程中得到李涛教授基于互联网与数字经济领域、白彦锋教授基于数字经济财税领域、林光彬教授基于政治经济学领域、白云真教授基于中国传统文化领域提供的专业咨询，他们的指导和建议对于研究视野的拓宽、研究内容的深化和研究成果的形成均有重大帮助，在此特致谢意！

  虽然如此，我们还必须认识到，关于数字经济国际税收治理变革问题的研究，是当前哲学社会科学研究的前沿点和交叉点，显然也是困难点，无论是对于数字经济本质和特点的科学挖掘，对于国际税收基础理论创新的精心研究和继续深化，对于国际税收治理战略的建构和升级，还是对于国际税收治理变革中国政策应对策略的制定，都有极大的益处；加之经合组织改革方案框架已经出台，为了引起更多的讨论并形成更好的政策建议，在时间仓促、所虑甚多而着笔有限的情况下，本系列研究尝试抛出对这一重大全球治理问题的初步理解，问题肯定很多，错漏必然不少，欢迎业界专家和社会各界提出批评修改建议，以待我们后续改进完善。

马海涛
2022 年 3 月 12 日

前　言

数字经济正在深刻地改变着人类经济社会，并以无实体存在、无直接对价、大量无形资产交易三大特征冲击着当前经济合作与发展组织（OECD）范本下的国际税收秩序。从政治经济学视角来看，数字经济发展加速推动全球化生产，与OECD范本强调利润归属本地化之间的矛盾进一步激化，加剧市场国与居民国、要素国与低税国之间的税收利益冲突。由此，数字经济国际税收秩序到了亟须变革的时刻。

OECD和二十国集团（G20）提出了双支柱方案，但其局限性较大，支柱一方案疑点多，落实困难，支柱二方案缺乏微观基础，不够稳健。联合国国际税务合作专家委员会试图修改《联合国发达国家和发展中国家双重征税示范公约》，引入数字自动服务的预提税。欧盟试图在数字经济下寻找新的常设机构，提出《显著数字存在提案》，但内部阻力很大。法国等市场国通过数字服务税，但遭到数字企业居民国的强烈抵制。美国作为数字经济强国，试图引入一国范围内基于销售目的地的现金流量税制（以下简称目的地现金流量税制），对跨境业务进行边境调整，但存在诸多问题和漏洞，最终未被采纳实行。一些国际税收专家则主张实行全球单一税制（Unitary Taxation），适应全球化生产要求，将全球利润在全球范围内按一定公式进行分配，该方式理论上可行，但实际上没有微观基础，缺乏自运行的动力。

作为"数字经济国际税收治理变革"系列研究的第二部，本书基于税基共建与利润共享（New-BEPS）理念，借鉴国际国内研究对策和发展实践，以系统论和机制设计理论为方法论，提出全球市场联合竞争、共建共享的国际单一税制税收治理体系（Global Market United and Competed System，GMUCS）方案。该方案的基本思路是：本地政府引入本地参与跨国企业的要素持有者概念，参与分享税收形式的回报，构建起本地政府向跨国（跨税收管辖区）企业争取税收形式利益的微观基础，达成本地政府与要素持有者的统一战线，由政府与要素持有者一起向跨国企业争取税收利益，并最终一起分享该税收利益。

该方案具体操作模式为：跨国数字企业按居民国会计

准则和税法规定计算全球利润和应纳税所得额，将申报信息发送给全球税务组织（Global Tax Organization，GTO）信息系统，并将申报信息和要素持有者个人分配所得税额等信息发送给要素持有者，同时将税款缴纳到要素持有者所在国的国库，GTO信息系统将申报信息自动转送相关国家税务部门，相关国家税务部门与国库核对账款，要素持有者个人与税务机关核对申报纳税信息，信息核对无误后，相关国家税务部门允许要素持有者按一定比例在其取得的所得税额范围内抵扣个人所得税。

该方案以所得税抵扣为连接，建立了要素持有者与所在国政府的统一战线，增加要素持有者"用脚投票"对跨国企业的反馈调节回路，展开对跨国企业分配利润的竞争，由此，在市场竞争中实现跨国企业全球利润在全球要素持有者及其所在国的分配，体现了市场在资源配置中的决定性、基础性作用。

GMUCS与现行的OECD范本秩序相比，将生产交易分配原则由本地独立生产、独立交易、独立分配转变为全球统一生产、统一交易、统一分配，税收分享模式由原来的本地利润本地分配转变为全球利润全球分配，经济关联标志物和独立性稳定锚由原来的常设机构和常设机构利益转变为个体存在和个体利益，税收分享地由原来的生产地扩展到包括购买者所在地的利益相关者所在地，纳税申报由原来的区域独立多头申报转变为全球统一申报，税务监督由原来的主要依靠政府和税务部门转变到主要依靠广大要素持有者，治理理念从避免双重征税、避免税基侵蚀转变到税基共建与利润共享、构建人类命运共同体上来。

GMUCS 通过市场竞争"看不见的手"做到参与主体的激励相容，激发参与主体显示各自信息，实现经营剩余分配，保障跨国企业、要素国、要素持有者各展其长、各有所获。与当前的主要建议改革方案相比，GMUCS 可以看作支柱一方案的剩余利润全球分配方案的继承和发展，其创新之处包括：一是从剩余利润进化到全部利润，二是从固定公式分配进化到市场竞争分配。GMUCS 也可以看作对支柱二方案的继承和改进，将要素国对跨国企业、低税国的监督转变为要素持有者对跨国企业、低税国的监督。GMUCS 以另一种方式实现了欧盟的《显著数字存在提案》，以要素持有者存在达到征收税款的目的；包含了统一企业所得税税基（Common Consolidated Corporate Tax Base，CCCTB）的销售地分配因素，以用户和用户国对企业的竞争来保证自己的报酬和所在国税收利益。GMUCS 是一种全球单一税制，也是对全球单一税制的继承和发展，其创新在于引入要素持有者的竞争，找到了全球利润全球分配的动力。在 GMUCS 框架下，实现了要素持有者与其所在国的利益一致，推动全球利润全球分配的实现，达到税基共建与利润共享的目的。

GMUCS 既适用于数字经济企业，也适用于传统经济企业，兼容当前的企业所得税制度，并对当前企业所得税制度进行适当改造和创新。其改造在于政府允许企业在分配其所得税时将一部分留给企业自主支配，自由分配给所有促进企业剩余价值实现的要素持有者。这一创新举措让更多要素持有者关心企业给予的税收形式的报酬分配，在众多要素持有者的关心监督下最终促进国家税收利益的实现。

GMUCS 运行成本低，预期效果好。建议在国内率先试点，推进改革，并积极在"一带一路"框架内推进，引领国际税收治理体系的新潮流。

目 录

- 001　上篇　数字经济与当前国际税收秩序
- 003　一　引言
- 005　二　当前国际税收秩序现状
- 016　三　数字经济现状、分类及特征
- 030　四　数字经济对国际税收秩序的挑战及后果
- 041　五　OECD等国际组织的研究对策及其局限性
- 051　六　市场国应对数字经济举措及局限性
- 059　七　居民国应对数字经济举措及局限性
- 064　八　区域大国、区域组织内部优化税收秩序实践
- 068　九　国内外税收学者研究建议及评价
- 076　十　优化国际税收秩序的启示

- 081　下篇　数字经济国际税收治理变革：GMUCS的构建
- 083　一　解决问题的方法论

087	二	具体应对方案
096	三	GMUCS 理论基础
107	四	GMUCS 特征与发展
120	五	GMUCS 行动
129	六	GMUCS 系统循环与比较
135	七	GMUCS 系统运行结果及评价
141	八	关于 GMUCS 问题的回应
154	九	我国试点推进及建议
159	十	结语

上篇　数字经济与当前国际税收秩序

一 引言

从长期来看,数字经济带来了国际税收秩序百年未有之大变局[①]。2016年8月30日,欧盟委员会裁定要求爱尔兰政府补征跨国企业苹果公司高达130亿欧元税款,对此爱尔兰政府、苹果公司均不服,美国也表示不满[②],形成国际税收利益四方(欧盟、美国、爱尔兰、苹果公司)冲突。2019年7月25日,法国官方公布数字服务税(Digital

---

① 邓力平.百年未有之大变局下的中国国际税收研究[J].国际税收,2020(2).
② 杨志勇.苹果公司引发的欧美税收之争及对中国的启示[J].国际税收,2016(10).

Service Tax，DST）法案①，旨在对跨国互联网巨头 GAFA（谷歌、苹果公司、Facebook、亚马逊）征收数字服务税②，开全球数字服务税征收之先河③。特朗普政府对此坚决反对，美国贸易代表办公室立即启动对法国数字服务税的301调查④，由此，掀起围绕数字经济征税的国际斗争序幕。

为妥善解决国际税收利益冲突，经济合作与发展组织（OECD）和二十国集团（G20）共同开展税基侵蚀与利润转移（Base Erosion and Profit Shifting，BEPS）项目，在2019年提出双支柱方案并公开征求意见，力争在2020年底达成广泛共识并在全球推行。可以断定，为争取国际税收利益的单边行动和双方对峙以及多边冲突、多方协调将是今后一段时期内国际社会的重要主题。我国作为

---

① 法国官方公报网，LOI n° 2019-759 du 24 juillet 2019 portantcréationd'unetaxe sur les services numériques et modification de la trajectoire de baisse de l'impôt sur les sociétés（1）[EB/OL].https：//www.legifrance.gouv.fr/eli/loi/2019/7/24/ECOE1902865L/jo/texte，2019-07-25/2019-12-22.
② 法国政府网，Taxation：the Outlines of the GAFA Tax Revealed [EB/OL]. https：//www.gouvernement.fr/en/taxation-the-outlines-of-the-gafa-tax-revealed，2019-03-06/2019-12-22.
③ 孙南翔.全球数字税立法时代是否到来——从法国数字税立法看全球数字经济税制改革 [N].经济参考报，2019-08-07（8）.
④ 美国贸易代表办公室网，USTR Announces Initiation of Section 301 Investigation into France's Digital Services Tax [EB/OL]. https：//ustr.gov/about-us/policy-offices/press-office/press-releases/2019/july/ustr-announces-initiation-section-301.2019-07-10/2019-12-13.

数字经济大国，应对数字经济带来的国际挑战，发出中国声音，提供中国方案，贡献中国智慧，并在国内率先改革，引领国际税制改革潮流，既关乎我国经济高质量发展，又是我国对世界经济领域问题的责任担当。

二　当前国际税收秩序现状

欲知国际税收如何发展改革，必先了解其历史和现状。目前绝大多数国家在所得课税方面同时主张行使居民税收管辖权和来源地税收管辖权两种税收管辖权。但在跨国经济活动中，一个国家同时主张两种税收管辖权必然带来国家间的税收利益冲突。为解决国家间的税收利益冲突，1899年德国与奥地利签订了世界上第一个双边税收协定[①]。后来，OECD和联合国（UN）两大国际组织先后分别发布了《关于对所得和财产避免双重征税的税收协定范本》（Model Convention for the Avoidance of Double Taxation with Respect to Taxes on Income and on Capital）（以下简称OECD范本）和《关于发达国家与发展中国家间避免双重征税的协定范本》（Model Double Taxation

---

[①] 韩霖，高阳，叶琼微.国际税收协定：过去、现在与未来——专访荷兰莱顿大学国际税法教授凯斯·范·拉德 [J]. 国际税收，2018（10）.

Convention between Developed and Developing Countries）（以下简称 UN 范本），作为缔约国双方［居民国、来源国（市场国）[①]］对跨国所得征税权协调的模板。世界上已经签订的 3000 多个税收协定（包括我国签订的税收协定）多以 OECD 范本为蓝本[②]。数字经济对国际税收的挑战主要在企业所得税，同时涉及个人所得税。下面主要以 2017 年 OECD 范本和我国税收征管现状对此展开论述。

（一）OECD 范本企业所得税协调规则

数字经济对国际税收秩序的挑战主要在于跨国常设机构营业利润的税收管辖权[③]和关联企业营业利润的税收管辖权。常设机构对应于不构成子公司的经济存在，关联企业则以子公司、受控公司形式开展业务，两者在组织形式

---

① 居民国是缔约双方的一方，是企业注册地所在国，居民国主张行使对企业法人的居民税收管辖权。来源国指缔约双方中与居民国相对的另一方，居民国企业经营超出其国家范围在缔约国另一方营业取得收入，来源国主张行使所得来源地税收管辖权。在数字经济条件下，因企业跨国经营无实体存在、无支付对价等因素，所得来源国定义越来越不清晰，市场国的概念越来越突出。本书中来源国和市场国两者相互替代。
② 崔虹.OECD 税收协定范本最新修订评述 [J]. 宁波广播电视大学学报，2019（3）.
③ 杨晓雯，韩霖. 数字经济背景下对税收管辖权划分的思考——基于价值创造视角 [J]. 税务研究，2017（12）.

上有所不同，受母公司控制程度也有差异，但其受母公司影响的本质则是相同的。从本质上讲，关联企业不过是常设机构的一种特殊形式，其特殊性在于：关联企业是在市场国相对明显、确定、稳定的物理存在，不必采用更多的方式来判断是否构成常设机构。除非关联企业的独立交易原则受到破坏需要转让定价纳税调整，否则，关联企业的国际税收一般不存在其他问题。

1. 关联企业营业利润协调规则

关联企业营业利润在其注册地（居民国）征税，国际税收管辖权的协调主要集中在独立交易原则上。OECD范本第九条关联企业第一款规定："当a）缔约国一方企业直接或间接参与缔约国另一方企业的管理、控制或资本，或者b）同一人直接或间接参与缔约国一方企业和缔约国另一方企业的管理、控制或资本，并且在上述任何一种情况下，两个企业之间在商业和财务关系中达成或实行的交易条件不同于独立企业之间达成的交易条件，此时，本应由其中一个企业取得的利润，但由于这些条件而没有取得利润，可以计入该企业的利润，并据以征税。"

对于按照独立交易原则进行的纳税调整，相关国家应予以支持，即在A国征了不应征收的税款，若B国按独立交易原则进行纳税调整，则A国应该做出相应的税款调整，以避免双重征税。OECD范本第九条关联企业第二款规定：

"当缔约国一方计入本国企业的利润并对其相应征税,而缔约国另一方在他国也已完成对该利润征税,也依据双方订立的符合独立企业之间的交易条件,该利润属于上文提及的缔约国一方,则缔约国另一方应对该利润已征税额做出适当调整。在确定上述调整时,应当适当考虑本协定的其他规定,如有必要,缔约国双方主管当局应相互协商。"

2.常设机构营业利润协调规则

常设机构营业利润税收管辖权在居民国和市场国之间的协调,存在诸多需要解决的事项,主要取决于构成市场国管辖权的条件、居民国与市场国管辖权的协调和实施管辖权的方式。

(1)居民国管辖权

居民国对跨国企业行使最终管辖权。居民国对跨国企业所得拥有最终管辖权、基础管辖权、普遍管辖权、剩余管辖权,与常设机构所在市场国的先行管辖权、有限管辖权、特定管辖权、优先管辖权相对应。无论是OECD范本还是UN范本,都首先确认了居民国有权对其居民纳税人的各种所得行使居民税收管辖权[1]。OECD范本第七条第一款前半句规定"缔约国一方企业的利润应仅在该缔约国征

---

[1] 王丽华,廖益新.后BEPS时代居民税收管辖权的问题与改革[J].上海财经大学学报,2018(4).

税，但该企业在缔约国另一方设有常设机构并从事经营的除外。"这里缔约国一方企业就是在缔约国一方注册经营的企业，此缔约国一方即为居民国，缔约国另一方就是跨国企业常设机构所在地——来源国（市场国）。

但由于 OECD 和 UN 两个组织的立场差异，OECD 本质上是一个富国俱乐部，UN 更多代表的是发展中国家。OECD 范本与 UN 范本对税收管辖权的具体实现条件规定上有差别，OECD 范本对居民国赋予更大税收管辖权，UN 范本则对市场国赋予更大税收管辖权[①]。

（2）市场国管辖权

常设机构关联是市场国优先管辖权的前提条件。现行国际税收规则在判断经济关联度时，特别强调经济活动与特定有形场所之间的有形接触。无论是常设机构还是不动产所在地或企业实际管理机构，都对应于特定的有形场所[②]。

OECD 范本第五条则对常设机构做了定义，并且对常设机构做了较为严格的限制。OECD 范本第五条第一款规定："本协定中，常设机构一语是指企业进行全部或部分经营的固定经营场所"；第二款规定："常设机构一语包括管理

---

① 杨斌，宋春平.两个协定范本关于所得征税权分配规则的比较[J]，涉外税务，2011（8）.
② 张泽平.数字经济背景下的国际税收管辖权划分原则[J].学术月刊，2015（2）.

场所，分支机构，办事处，工厂，作业场所，矿场、油井或气井、采石场或者其他开采自然资源的场所"；第三款规定："常设机构指建筑工地、建筑或安装工程，但该工地或工程需持续经营12个月以上。"

OECD范本对常设机构的严格限制则体现在第五条第四款和第六款。第四款规定："虽有上述各项规定，常设机构一语应不包括：a）专为储存、陈列或者交付本企业货物或者商品而使用的设施；b）仅用于维护本企业储存、陈列或者交付的货物或者商品；c）用于维护仅被另一企业用来加工的本企业货物或者商品；d）用于维护本企业采购货物、商品或收集信息的固定经营场所；e）仅用于维护本企业从事其他业务的固定经营场所；f）仅用于维护本企业从事本款第a项到第e项多项业务的固定经营场所，而且涉及（f）项的一项或多项业务必须属于准备性质或辅助性质。"第六款规定："一个企业仅通过经纪人、一般佣金代理人或者任何其他独立地位代理人在缔约国一方从事经营活动，只要这些代理人是按常规进行经营活动，不应认为这个企业在该国设有常设机构。"

市场国税收管辖权的有限性、特定性体现在OECD范本第七条第一款后半句规定："如果该企业通过在缔约国另一方的常设机构进行营业，其利润可以在另一国征税，但其利润仅以属于该常设机构为限。"市场国税收管辖权的先行性、优先性则体现在税收管辖权的协调上。

（3）管辖权协调。市场国对区域所属利润独立分割征税，双方避免对企业双重征税。市场国根据协定对跨国企业常设机构以独立性原则实施税收管辖权，表现在将常设机构视为独立分设企业，市场国独立行使税收管辖权，体现了与关联企业相同的独立交易原则。OECD 范本第七条第二款规定："为适用本条款和第二十三条 A 款、第二十三条 B 款，作为一个独立企业，如果该企业的常设机构和其他部分在相同或相似条件下从事相同或相似的业务，包括所履行的职能、使用的资产和承担的风险，则企业的预期利润尤其是常设机构与本企业其他部分业务往来产生的利润归属于第一款所述的各缔约国常设机构。"常设机构的利润计算与企业总机构的利润是分割的、无关联或关联不大的，盈利与亏损不能相互弥补。

同时，居民国对于市场国征税额进行免税或抵税，OECD 范本第二十三条 A 款"免税方法"、B 款"抵税方法"对此做出了规定。第二十三条 A 款前半句规定："缔约国一方居民取得的收入或拥有的财产，按照本协定的规定在缔约国另一方被征税时，缔约国一方应对该项收入或财产给予免税。"第二十三条款 B 款前半句规定："缔约国一方居民取得的收入或拥有的财产，按照本协定规定在缔约国另一方被征税时，缔约国一方应允许扣除该居民的所得税额，金额等同于在缔约国另一方缴纳的所得税。"由此体现了市场国对税收管辖权的先行性和优先性。

（4）管辖权实施方式。市场国政府对常设机构管辖征税，跨国企业多头纳税。管辖权要落地，必须要有相应的手段、措施。当前，独立分割实体管辖权的实现方式是市场国政府对本辖区内企业的管制，要求常设机构按独立交易原则据实申报纳税。

事实上，常设机构很难做到独立交易，也很难做到据实申报纳税。常设机构如果不能做到独立核算、据实申报，辖区税务部门则按收入、成本、经费等核定征收方式。例如，国家税务总局发布的《非居民企业所得税核定征收管理办法》第三条规定："非居民企业应当按照税收征管法及有关法律法规设置账簿，根据合法、有效凭证记账，进行核算，并应按照其实际履行的功能与承担的风险相匹配的原则，准确计算应纳税所得额，据实申报缴纳企业所得税。"同时，第四条（核定应纳税所得额）、第五条（核定利润率）、第六条（核定销售合同附带劳务收入）、第七条（核定提供劳务收入）则规定了各种核定适用范围和方式。其中，第四条规定："非居民企业因会计账簿不健全，资料残缺难以查账，或者其他原因不能准确计算并据实申报其应纳税所得额的，税务机关有权采取以下方法核定其应纳税所得额。①按收入总额核定应纳税所得额；②按成本费用核定应纳税所得额；③按经费支出换算收入核定应纳税所得额。"

政府管制征税的结果是跨国企业在不同税收管辖区多头申报纳税，由此，也给跨国企业带来不少麻烦，一定程度上表现了当前企业的跨国界一体化经营生产（生产关系）与地方国家要求跨国企业分管辖区多头纳税（上层建筑）的矛盾。

（二）OECD 范本个人所得税协调规则

当前，人们更多关注的是企业所得税的国际协调问题，从另一角度看，数字经济对国际税收秩序的挑战还在于受雇所得的个人所得税税收管辖权协调上。OECD 范本中，受雇所得的个人所得税与营业利润企业所得税的协调规则基本一致。

在税收管辖权划分上，与营业利润的税收管辖权规则相类似，居民国对居民个人所得拥有最终管辖权、基础管辖权、普遍管辖权、剩余管辖权，与所得来源国（市场国）的先行管辖权、有限管辖权、特定管辖权、优先管辖权相对应。OECD 范本第十五条第一款规定："除第十六条、第十八条和第十九条的规定外，缔约国一方居民因受雇取得的薪金、工资和其他类似报酬，除在缔约国另一方从事受雇活动以外，应仅在该缔约国一方征税。在缔约国另一方从事受雇活动取得的报酬，可在该缔约国另一方征税。"

在税收管辖权实施上，与营业利润的税收管辖权实施略有不同，所得来源国（市场国）政府主要依靠本国对外支付外国所得的单位和个人进行源泉扣缴，其次再考虑在本国取得所得的非居民自行申报；营业利润税收管辖权的实施主要依靠相关机构自行申报。我国《个人所得税法》第一条规定："非居民个人从中国境内取得的所得，依照本法规定缴纳个人所得税"，第十一条第三款规定："非居民个人取得工资、薪金所得，劳务报酬所得，稿酬所得和特许权使用费所得，有扣缴义务人的，由扣缴义务人按月或者按次代扣代缴税款，不办理汇算清缴。"居民国对居民个人所得税同样实行免税或抵税方法，OECD范本第二十三条A款和B款适用于个人所得税。

综上所述，不管是常设机构的营业利润税收管辖权划分，还是关联企业的税收管辖权调整，还是受雇所得个人所得税税收管辖权协调，OECD范本尊崇独立生产、独立交易、独立分配原则，执行本地利润本地分配模式，即认为本地企业生产创造了利润，并通过独立交易原则等合理的方式锁定本地机构的利润，并以此利润按本地税法来纳税。经济关联和独立性原则是确定本地利润税收管辖权的内在原则，可以说，经济关联和独立性原则是奠定 OECD 范本国际税收秩序的基石[①]。

在以有形资产交易为主的工业经济时代，营业利润税收管辖权以经营活动物理实体存在为标志物，以机构间交易价格独立为稳定锚。所谓标志物是指用来标记位置、突出特征或作参照的物体，在这里就是用来征税的依据；所谓稳定锚是指能够保持船舶稳定的器具、装置，在这里就是能够起到稳定征收税款的能力。经济数字化冲击着 OECD 范本国际税收秩序，原有的标志物或者消失，或者即使存在也不再稳固，原有的稳定锚的稳定性大大减退，新的国际税收治理体系需要在经济关联和独立性上找到更可靠的标志物和稳定锚。

受雇所得个人所得税征收以雇佣并给付直接对价（一般为货币资金）为前提条件。数字经济对受雇所得个人所得税税收管辖权的冲击，表现为其征税的前提条件不复存在，新的国际税收治理体系需要建立新的规则，适应新的形势。

[①] OECD（2018），Tax Challenges Arising from Digitalisation – Interim Report 2018：Inclusive Framework on BEPS，OECD/G20 Base Erosion and Profit Shifting Project，OECD Publishing，Paris. 第 378-379 段 https：//www.oecd.org/tax/tax-challenges-arising-from-digitalisation-interim-report- 9789264293083-en.htm.

三 数字经济现状、分类及特征

（一）数字经济现状

要把握数字经济对当前税制的挑战，必须了解数字经济的经营模式，或者说生产方式。技术变化是一切经济社会变革的根本逻辑。科技在文明进程中起着独一无二的推动作用，能量和信息是几千年来科技发展史中两条非常清晰的脉络[①]。如果说工业经济是能量变革的近期成果，那么，数字经济则是信息变革的最新成果。

数字经济随着计算机带来的信息革命在20世纪90年代初显端倪，随后迅速发展。2015年OECD/G20的税基侵蚀与利润转移第1项行动计划《应对数字经济的税收挑战》（Addressing the Tax Challenges of the Digital Economy）指出，信息通信技术与生产、生活各个领域如零售、物流、金融服务、制造业、农业、教育、医疗保险、广播与媒体业等结合、应用，迅速提高了生产效率、扩大了市场覆盖范围、降低了运营成本，实现了生产力的巨大飞跃，且变化仍在持续中[②]。2016年G20杭州峰会发布的《二十国集

---

① 吴军.全球科技通史[M].北京：中信出版社，2019：441.
② 经济合作与发展组织.OECD/G20税基侵蚀和利润转移（BEPS）项目2015年成果最终报告（Ⅰ）[M].国家税务总局国际税务司译.北京：中国税务出版社，2016：131-135.

团数字经济发展与合作倡议》指出：数字经济是指以使用数字化的知识和信息作为关键生产要素、以现代信息网络作为重要载体、以信息通信技术的有效使用作为效率提升和经济结构优化的重要推动力的一系列经济活动。

（二）数字经济的分类

数字经济是一个复杂的经营形态，有必要对其进行分类，详细阐述。BEPS 的包容性框架《经济数字化带来的税收挑战——2018 年中期报告》（Tax Challenges Arising from Digitalisation—Interim Report 2018）（以下简称《2018 年中期报告》）根据价值创造过程的不同模式将数字经济分为价值链、价值网络、价值商店三种经营模式[①]。价值网络模式在数字经济下得到充分发展。

联合国贸易和发展会议《2019 年数字经济报告》（Digital Economy Report 2019）将数字经济分为三类。第一类是核心部门，包括基础创新部门、核心技术部门、辅助基础设施部门；第二类是数字信息技术部门，包括数字平台、移动应用、支付服务等；第三类是泛数字化部门，

---

① OECD（2018），Tax Challenges Arising from Digitalisation – Interim Report 2018：Inclusive Framework on BEPS，OECD/G20 Base Erosion and Profit Shifting Project，OECD Publishing，Paris. 第 65-99 段.

包括电子商务、工业 4.0、精准农业、共享经济等[①]。

《2018 年中期报告》主要侧重于数字经济的价值创造模式,《2019 年数字经济报告》则是对数字经济的一种从核心到外围的分类方法。本书根据企业的经营模式和企业的数字化程度将整体经济分为三类。

一是传统经济,生产提供传统产品和服务(实体的产品和服务)。这种经济产业需要建立较多分支机构,拥有较长产业链条,信息通信技术使用较少或基本未使用,如图 1(1)中的 BF1 企业,bs2、bs3 分支机构。

二是半传统半数字经济,生产和提供实体的产品和服务,但较多借助信息通信技术来改造其生产、经营模式,因此,分支机构减少,产业链条变短。在现实中几乎所有的企业都借助运用了互联网来改造生产、经营模式,完全的传统产业很少,如图 1(2)中企业 BF1 借助网络平台进行远程销售。

三是数字经济,直接生产数字产品和服务(网络空间的产品和服务),全面借助信息通信技术在网络空间完成价值的创造和实现。数字产业按其提供服务的类型又可以分为两类,I 类是生产数字产品和服务的企业,该产品和服务是需求者的直接需求,例如,在线课程、在线歌曲、在线查询、

---

① UNCTAD. Digital Economy Report 2019[R]. 第 4-6 页.

应用软件，如图 1（3）、图 1（4）中网络平台企业 eP1。

Ⅱ类是提供多边市场平台[①]。多边市场平台又细分为直接交易提供撮合的平台和为潜在交易提供撮合的平台。为直接交易提供撮合的平台，如图 1（2）中的网络平台企业 eP1，如亚马逊、淘宝；为潜在交易提供撮合的平台，如图 1（4）中的 eP1，如 Facebook、微信。

（三）数字经济的特征

要深刻理解数字经济，还必须抓住其本质特征，抓住其与传统经济不同的特征。《2018 年中期报告》中将数字经济的共同特征概括为三个：跨管辖区经营非实体存在；对无形资产的依赖；数据和用户参与[②]。《2019 年数字经济报告》认为数字经济扩张的驱动因素是数字数据和数字平台[③]。本书从系统论出发，以构成系统的要素（市场主体，包括企业、用户）、要素（市场主体）之间的连接、系统整体的涌现三个方面的变化来分析数字经济的特征。

[①] OECD（2018），Tax Challenges Arising from Digitalisation – Interim Report 2018: Inclusive Framework on BEPS, OECD/G20 Base Erosion and Profit Shifting Project, OECD Publishing, Paris.第58段，第80-88段.

[②] OECD（2018），Tax Challenges Arising from Digitalisation – Interim Report 2018: Inclusive Framework on BEPS, OECD/G20 Base Erosion and Profit Shifting Project, OECD Publishing, Paris. 第 130-161 段.

[③] UNCTAD. Digital Economy Report 2019[R]. 第 XV 页.

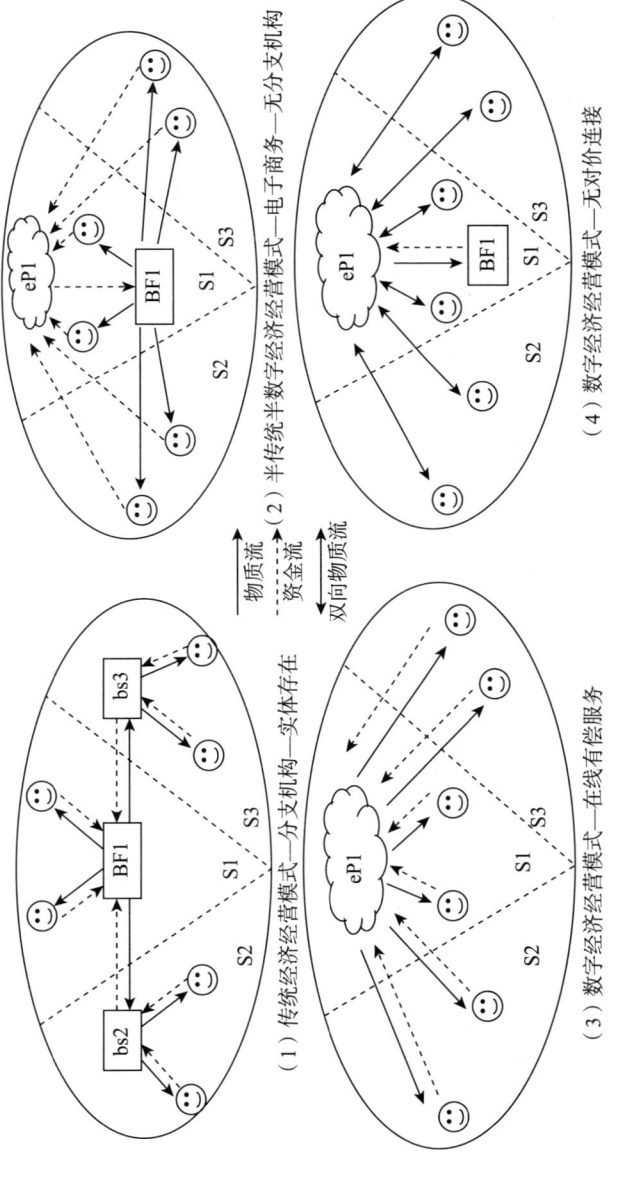

图 1 商业经营模式与数字经济

（1）传统经济经营模式—分支机构—实体存在
（2）半传统半数字经济经营模式—电子商务—无分支机构
（3）数字经济经营模式—在线有偿服务
（4）数字经济经营模式—无对价连接

物质流
资金流
双向物质流

图示说明：S1、S2、S3分别表示三个国家或税收管辖区；BF1表示注册于S1国的跨国经营母公司或总公司；bs2、bs3分别表示在S2、S3国的子公司或常设机构；eP1表示注册于S1国的网络平台企业；人脸表示用户/个人。

1. 从要素自身特征来看，企业内部发生了变化

一是企业内部连接内容发生了变化。跨国企业虽然保持着原来的组织结构，如图1（1）"传统经济经营模式—分支机构—实体存在"，但企业内部连接的内容发生了变化，从原来内部交易大宗商品等有形资产到现在大量交易专利等无形资产。如果说传统经济下，跨国企业内部交易的是生产成果，相当于"授之以鱼"，那么，数字经济下，跨国企业内部交易更多的是生产关系和生产方法，相当于"授之以渔"。

无形资产跨境交易已经成为当今国际贸易的主要特征之一，并主要发生在跨国公司与其子公司及关联公司之间[①]。美国作为无形资产输出大国，若将无形资产贸易纳入，其2016年贸易逆差将从7500亿美元减少到3960亿美元，减少近一半[②]。

二是企业内部分支机构消失。如图1（2）"半传统半数字经济经营模式—电子商务—无分支机构"，传统企业BF1借助电子商务实现网络交易云端化，实现了生产者与消费者的直接对接，与传统经济下通过层层分销模式相比，省

---

① 邬展霞. 无形资产跨国贸易：成因、模式与监管[A]. 中国对外经济贸易会计学会2013年学术年会论文集，2013-10-19.
② 傅晓岚. 无形资产贸易与全球价值链视角的国际贸易平衡分析[J]. 经济导刊，2018（8）.

去了很多中间环节。

三是数字企业几乎无实体存在。如图1（2）~（4）中的网络平台企业eP1诞生于网络空间，不管是其高管还是员工，不管是用户还是数据，在全球范围内可以随时移动，不用说分支机构不存在了，甚至连数字企业的总部也变得模糊不确定。

2. 从要素之间的连接看，出现了不同于传统经济的连接

一是用户与企业保持经常性网络连接。在传统经济下，个人与企业往往是一次性连接或间隔时间比较长；在数字经济下，用户与数字企业通过网络保持密切连接，互动频繁。例如，Facebook用户一天内会与Facebook数次连接，甚至一整天都挂在线上，2018年12月Facebook每日活跃用户数量平均为15.2亿[①]。

二是用户对企业存在较大黏性。传统经济模式下，产品具有较强替代性，用户对产品提供者没有黏性或黏性不大；但在数字经济下，则容易形成用户习惯，导致用户黏性，进而形成同一功能领域内的网络扩张和自然垄断。例如，对于通信软件、购物平台、操作系统和文字处理软件，用户一般都不会轻易更换。

---

① Facebook Annual Report for the Fiscal Year Ended December 31, 2018. https://secfilings.nasdaq.com/edgar_conv_html%2f2019%2f01%2f31%2f0001326801-19-000009.html#FIS_BUSINESS.2019-12-20.

三是出现了消费、生产融合的无直接支付对价连接。传统经济模式下，市场主体之间提供产品和服务，必须支付对价（一般为货币形式，也包括其他等价物）。个人[①]一方面是企业价值创造的参与者（Participating User，PU），提供要素[②]给企业，企业给付对价给个人（要素持有者[③]），个人是有偿参与用户（Paid Participating User，PPU）；另一方面，个人是企业产品价值实现的购买者（Buying User，BU），个人给付对价给企业从而获得产品的使用价值，个人是有偿购买用户（Paid Buying User，PBU）。在数字经济下，如图1（2）、1（4）中的网络平台企业eP1，用户在网络平台售货、购物、互动交流等活动可能并不需要给网络平台支付费用，也不需要网络平台给个人支付报酬，两者之间并不直接存在对价给付，用户一方面是无偿

[①] 本书中个人是相对于要聚焦分析的企业来讲的，一般情况下给企业提供要素促进剩余价值实现的是个人，但也包括企业、其他市场主体。为了表述上的简便，将其统一表述为个人，但同样适用于企业、其他市场主体情况。

[②] 要素包括用户、劳动、资本等所有促进企业剩余价值实现的因素，与系统论中的构成系统的要素是不同的。

[③] 要素持有者是指持有要素的个人、企业、和其他市场主体。为了表述上的简便，在文章中对应为个人，但同样适用于企业、其他市场主体情况。

参与用户（Free Participating User，FPU）[①]，另一方面又是无偿购买用户（Free Buying User，FBU），很多情况下生产者（无偿参与用户）与消费者（无偿购买用户）融为一体，是为"产消者"（Prosumer）[②]。

3. 从整个系统的运行结果来看，数字经济涌现出了新特征

由于参与系统的要素本身变化以及连接的方式变化，数字经济系统涌现出与传统经济不一样的结果。

一是数字经济出现网络扩张效应，容易形成商业生态垄断。因用户黏性和梅特卡夫法则（Metcalfe's Law），用户越多，网络的价值越大，网络扩张效应越明显。达维多定律（Davidow's Law）则指向互联网的马太效应，出现强者恒强的生态垄断[③]，因此，数字企业用户数量无限扩张。2019年第三季度，Facebook和微信全球活跃用户

[①] 关于有偿购买用户与无偿参与用户的分类，其他文章也有类似的观点，见：王文波. 面对数字经济税收新规则：中国需未雨绸缪[N]. 中国税务报，2020-01-08.
[②] 产消者是指那些参与生产活动的消费者，他们既是消费者（Consumer）又是生产者（Producer）。著名未来学家阿尔文·托夫勒（Toffler，1980）在其《第三次浪潮》中首次提出 Prosumer 一词。并将那些为了自己使用或者自我满足而不是为了销售或者交换而创造产品、服务或者经验的人命名为产消者（Prosumer）。
[③] 李安兰. 电子商务市场垄断力因素研究——成因、现状及外延表现[J]. 商业时代.2014（3）。

数量达到35.7亿[①]，两者用户数量合计占到全球人口数量（75.8亿）的近一半。

二是包括用户在内的无形资产成为重要资产。如果说传统经济下，企业的重要资产是厂房、设备等有形资产，那么对数字经济下的数字企业来讲，包括无偿参与用户在内的参与者和无偿购买用户在内的购买者都成为数字企业的重要无形资产。如图2所示，无偿参与用户和无偿购买用户在平台上活动形成一种生产要素投入，网络平台企业eP以此作为赢得有偿购买用户的基础。因为大量无偿参与用户和无偿购买用户的存在，通过平台投放的广告等信息会增加购买有偿购买用户的产品，从而扩大有偿购买用户的价值以及有偿参与用户的数量，进而提升eP的营业收入；另一方面无偿参与用户和无偿购买用户在某种情况下也会转化为有偿购买用户，直接提升eP营业收入。而eP对用户（包括无偿参与用户和无偿购买用户）各种数据的操作处理算法则是最核心的无形资产。

[①] 其中，Facebook用户24.4亿，微信用户11.3亿。See J. Clement, Nov 21, 2019. Global social networks ranked by number of users 2019 [EB/OL]. https：//www.statista.com/statistics/272014/global-social-networks-ranked-by-number-of-users/.2020-01-05。

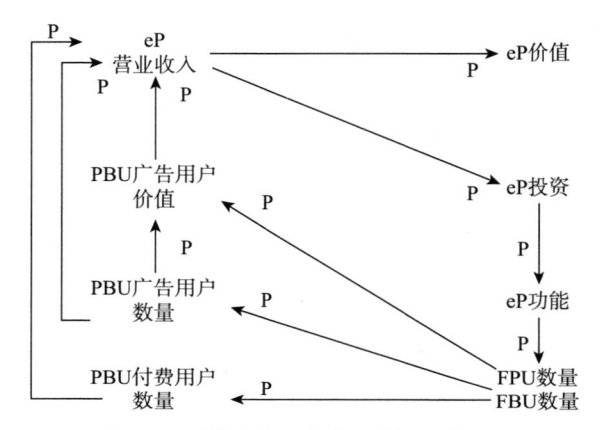

```
         P
    ┌──────→ eP ──────────────→ eP价值
    │      营业收入      P
    │    P↗  ↑ P
    │        │
    │   PBU广告用户 ←──P── eP投资
    │      价值                  │
    │        ↑ P                 │P
    │        │                   ↓
    │   PBU广告用户 ←──P──   eP功能
    │      数量                  │
    │                            ↓
    └── PBU付费用户 ←──P── FPU数量
           数量         ←──    FBU数量
```

图2　无对价连接平台企业价值系统循环

注：系统循环图中P表示正向连接（positive relation），即起点要素的增大带来终点要素的增大；N表示负向连接（negative relation），即起点要素的增大带来终点要素的变小。系统循环图相关表达见：（美）舍伍德（Sherwood, D.）.系统思考（白金版）[M].邱昭良，刘昕译.北京：机械工业出版社，2014。

三是数字经济助力企业经营全球化。信息传递是影响企业扩张的主要因素之一[①]。与传统经济相比，建立在信息革命基础上的数字经济打破了信息传递障碍，推动企业生产经营全球化，形成紧密连接的全球价值链。全球价值链作为组织当今国际产业转移的主要方式，已经对全球经济的微观基础产生了根本性影响[②]。

---

① 钱颖一.企业理论[M].现代经济学前沿专题（第一集）.北京：商务印书馆，1993.
② 张少军，刘志彪.全球价值链模式的产业转移——动力、影响与对中国产业升级和区域协调发展的启示[J].中国工业经济，2009（11）.

（四）政治经济学视角下的数字经济

政治经济学是以历史的生产关系或一定的社会生产关系为研究对象的经济学，即是对社会生产关系及其发展规律、生产和再生产中人和人的关系作为研究对象的学科。从政治经济学视角来分析、比较数字经济与农业经济、工业经济，有助于进一步加深对数字经济的认识。生产工具、生产对象、生产成果、生产组织形式、生产链条、生产环境等是一个经济形态的重要组成要素，也是一个经济形态区别于另一个经济形态的可比要素。农业经济、工业经济和数字经济的要素特征比较如下。

1. 从生产工具来看，数字经济出现了新式的生产工具

生产工具，又称劳动工具，是人们在生产过程中用来直接对劳动对象进行加工的物件。它被用于劳动者和劳动对象之间，起传导劳动的作用。马克思主义政治经济学认为：社会生产的变化和发展，首先是从生产工具的变化和发展上开始的，并且生产工具的内容和形式是随着经济和科学技术的发展而不断发展变化的。农业经济的代表性生产工具主要是手工器械，例如，镰刀、锄头；工业经济的代表性生产工具主要是机器设备，例如，机床、自动流水线；数字经济的代表性生产工具则主要是计算机等数字设备，例如，计算机、手机。

2. 从生产对象来看，数字经济的生产对象发生质的变化

生产对象，又称劳动对象，是把自己的劳动加在其上的一切物质资料，分为两类：一类是没有经过加工的自然环境中的物质；另一类是经过加工的原材料。农业经济的劳动对象主要是土地、植物、动物；工业经济的劳动对象主要是矿物质、农业经济的生产成果（农产品和畜牧产品）以及工业经济加工制造的中间产品；数字经济的劳动对象则主要是数据，即计算机存储器或云存储空间中的二进制代码。

3. 从生产成果来看，数字经济的生产成果主要是无形的

生产成果，又称劳动成果，是指人类通过创造物质或精神财富的活动而得到的收获，包括中间劳动成果和最终劳动成果。农业经济的生产成果主要是农牧产品，例如，粮食、牛、羊；工业经济的生产成果主要是机器制造品，例如，汽车、轮船、电视机；数字经济的生产成果则主要是数字产品和服务，例如，软件、通信服务。数字经济生产成果与农业经济和工业经济生产成果的不同不仅在于类别，还在于其存在的形式，农业经济、工业经济的生产成果主要是有形的、物理存在的；而数字经济的生产成果主要是存储于数字中的无形资产。

4. 从生产组织形式看，数字经济下出现新生产组织形式

生产组织形式是生产单位进行生产的组织形式。农业经济的代表性生产单位是奴隶主、地主庄园,工业经济的代表性生产单位是工厂型企业,数字经济的代表性生产单位则是大量生产者自由参与的生产者联盟企业,也就是《2018年中期报告》中提到的价值网络模式,典型组织形式如多边市场平台。农业经济代表性生产组织形式中具有一定人身依附的劳动关系,例如,奴隶主与奴隶、地主与佃户;工业经济的工厂企业生产组织形式则是相对自由的雇佣劳动关系,例如,企业和雇员;数字经济的生产联盟企业则出现了无直接支付对价的自由劳动关系,例如,平台企业与无偿参与用户、无偿购买用户。

5. 从生产链条看,数字经济下生产链条变短

生产链条是生产单位将生产成果传递到最终消费者的过程。农业经济的生产链条比较短,非常直接,主要是自己生产、自己消费。工业经济的生产链条拉长,一环扣着一环,例如,一件衣服的生产从棉花、纺纱、织布到制成衣服,一辆汽车的生产从采矿、冶炼、设计、生产零部件到组装、分销,可能经过很多厂家。数字经济下生产链条变得相对较短,一是将原来的工业经济链条变短,厂家通过互联网平台销售,免去了很多中间商。我国知名互联网企业阿里巴巴的使命,"让天下没有难做的生意",就是通过网络平台,让企业直接找到自己的最终用户。二是数字产业自身的产业链条比较短,一些数字企业直接面向用户

群体客户，不用设置大量的分支机构。由此，出现大量跨区域经营无实体存在的数字企业。如图1（2）、1（3）、1（4）的网络平台企业eP1。

6.从生产环境看，数字经济下生产环境更自由

生产环境是生产单位工作的周围场景。农业经济的生产环境是农田、牧场，依据一年四季的变化来组织生产；工业经济的生产环境是工厂，摆脱一年四季、昼夜轮回的限制，但基本上固定于一个地点生产；数字经济则没有一年四季、昼夜更替的变化，也可以没有固定的生产位置，消除了地理位置的制约，可以在全世界范围内24小时自由移动生产。

四 数字经济对国际税收秩序的挑战及后果

从是否影响税收国际管辖权的角度看，数字经济带来的改变分为两类，第一类是对税收管辖权不构成影响的改变，主要为企业内部应用信息通信技术提高生产效率，不影响国际税收管辖权的划分原则及征税的前提条件；第二类是对税收管辖权带来影响的改变，主要体现在分支机构及企业实体存在的消失、无直接支付对价、无形资产交易等三个方面对国际税收管辖权的挑战。

(一)数字经济对当前国际税收秩序的挑战

1. 无实体存在,导致强经济关联基础不复存在

OECD 范本规定市场国对跨国企业营业利润征税的限定条件是跨国企业在该国设置常设机构,强调物理存在,是一种强经济关联。但在数字经济下,原来遍布世界的分支机构趋于功能萎缩和实体消失,数字企业在成立之始就几乎不存在分支机构。市场国按当前的常设机构关联规则来征税,会发现盈利颇丰的跨国企业在本国不存在常设机构形式的物理存在,找不到征税的标志物,很难征到税款。

图 1(1)与图 1(2)~1(4)比较,传统经济模式下市场国 S2、S3 可以对跨国企业 BF1 的常设机构 bs2、bs3 的营业利润征税,数字经济模式下市场国 S2、S3 按当前的常设机构原则因分支机构的消失而无法征收税款。由此,数字经济下无实体存在经营模式,打破了 OECD 范本国际税收秩序的强经济关联原则。

2. 无直接对价,使市场国征税难上加难

(1)企业所得税难以征管。虽然说分支机构消失,但市场国用户购买跨国企业的产品和服务时会支付对价,则市场国仍可以通过针对用户个人对外支付时的源泉扣缴,保持对税源的实际管辖权。但是消费与生产融合的无直接

对价交易，基本不构成增值税的应税交易，市场国征不到增值税[①]，进而无法确定利润，也无法通过任何源泉扣缴方式来对企业征收所得税。图1（2）~1（3）与图1（4）相比，前者不管怎样变化总有支付对价，因此，市场国S2、S3可以对用户进行源泉扣缴，但后者无支付对价，给市场国S2、S3的税款征收带来前所未有的困难。

（2）个人所得税无法实现。上述数字企业对应的市场国就会成为数字企业用户个人的居民国。用户个人生活在居民国，享用居民国的公共服务，为他国的网络平台企业付出，并创造价值，但由于没有取得直接对价的货币资金收入或可征税的等价物，导致用户个人所在的居民国无法征收到个人所得税。如图1（2）和1（4）所示，网络平台企业eP1由于用户的贡献赚取了大量利润，但是用户所在居民国没有任何个人所得税收入。由此，数字经济下无直接对价交易使OECD范本国际税收秩序中强调的经济关联消失得更加彻底，并突破了个人所得税征收的前提条件，也违背了政府作为公共服务提供者或者生产者参与价值分享的基本原则。

（3）问题关键症结所在。在用户与网络平台无直接对价自由互动这一新型生产组织形式上，个人所得税面临

---

① 杨小强，胡蕙雅. 论增值税法上的对价 [J]. 经济法研究，2016（2）.

的问题和企业所得税面临的问题其实是一个问题的两个方面。作为消费者来讲，由于无直接对价，所以，市场国不能征收到预提所得税；作为生产者来讲，由于无直接对价，所以，居民国无法征收到个人所得税。

因为平台企业与市场国的唯一联系在于用户个人，用户个人所在居民国与平台企业的唯一联系也在用户个人，在新的国际规则下，不管是营业利润企业所得税问题，还是受雇所得个人所得税问题，只要其中一个问题获得突破，另一个问题也就容易得到解决。后面的分析主要以企业所得税为主。

3. 无形资产交易，使得独立交易原则落实困难

如图1（1）所示，传统经济经营模式下，跨国企业内部交易的是有形商品，相对容易与参照对象进行比较，按独立交易原则确定价格。在数字经济环境中，跨国企业交易涉及大量难以估值的无形资产，对母公司与常设机构间、关联企业间独立交易原则判断和转让定价调整难以实现，突破了OECD范本国际税收秩序的独立性原则，稳定锚功能被削弱。

2017版《OECD转让定价指南》（OECD Transfer Pricing Guidelines）即《跨国企业与税务机关转让定价指南》要求在涉及无形资产的转让定价分析中，应当全面分析企业集团的全球运营流程，充分考虑各方在无形资产开发（Development）、价值提升（Enhancement）、维护（Maintenance）、保护（Protection）和利用（Exploitation）中的重要功能（即 DEMPE 功能）和承担的特定风险，以及这些无形资产与其他无形资产、有形资产和企业运营在价值创造过程中的相互影响和作用[①]。如按此要求展开工作，那么这项任务无论从专业性还是工作量来说都是难上加难。

（二）政治经济学视角的数字经济挑战

从马克思主义政治经济学来看，生产力与生产关系、经济基础与上层建筑这两对矛盾，是人类社会发展的基本矛盾。这两对矛盾运动的规律，即生产关系适应生产力的规律，上层建筑适应经济基础的规律，是人类社会发展的基本规律，决定了人类社会从低级到高级发展的过程，决定社会发展的趋势和方向。数字经济下，作为企业组织生产方式的生产关系已经发生了变革，适应了数字经济的发展；但国际税收秩序作为上层建筑，还没有做出与经济基础相适应的调整，两者之间的矛盾越来越突出，具体表现在全球化生产与本地归属利润之间的矛盾。

---

① 经济合作与发展组织.跨国企业与税务机关转让定价指南（2017）[R].国家税务总局国际税务司译.北京：中国税务出版社，2019.

1. 利润归属的本地化与生产的全球化不匹配

一方面，跨国企业全球化布局经营生产，全球范围内要素协调分工综合创造价值，越来越难以单独区分出每个部分的创造价值。另一方面，随着企业内部大量无形资产交易，利润归属的本地化操作越来越困难。但OECD范本秩序强调常设机构概念，强调每次交易按独立交易原则进行，将利润按独立交易原则归属于常设机构。如同一位农民收获了100千克稻谷，要单独区分农民的头、躯干、四肢等部位各生产了多少千克稻谷一样。这与全球化生产的经济基础不相适应。由此，跨国企业为避免缴纳高额税收，将更多利润转移至低税国。

2. 本地归属利润的基础正在消失

从物理基础来看，OECD范本秩序对本地归属利润的条件是设置物理存在的常设机构，不构成常设机构不能归属利润，不能征收企业所得税。在数字经济下，跨区域经营无实体存在正在一步步消解本地归属利润的基础。从信息基础来看，OECD范本秩序对本地归属利润的条件是价格信号，转让定价调整的对象就是交易价格。数字经济下，生产者联盟很多情况下不再有价格信号。以上这两个方面快速发展，导致本地归属利润变得越来越困难。

(三)数字经济对当前国际税收秩序挑战的后果

1. 居民国与市场国税源分配失衡,加剧国际税收利益冲突

数字经济下,一方面是市场国因常设机构消失、无支付对价,按当前规则无法征收税款,另一方面是数字企业全球扩张,居民国赚得盆满钵满,国际税源分配失衡,引发居民国与市场国税收利益的冲突。

经济数字化导致无实体存在和无直接对价,弱化常设机构与市场国的经济关联度,带来市场国税收利益损失(见图3),同时,增加居民国税收利益,从而加剧市场国与居民国税收利益冲突。例如,Facebook2019年10月非美国本土用户数量超过22亿[1],占全部用户数量的92%,根据其2018年度报告,海外收入仅占全球收入的57%,在海外缴纳当期所得税仅占当期全部所得税费用的35%[2],且基本都是在低税国缴纳[3],市场国基本无缘分享。

2008年国际金融危机以来各国遭遇不同程度财政困

---

[1] J. Clement. Countries with the Most Facebook Users 2019[EB/OL]. https://www.statista.com/statistics/268136/top-15-countries-based-on-number-of-facebook-users/.2019-11-20/2020-01-05.(网页会不断更新和调整——作者注)

[2] Facebook Annual Report for the Fiscal Year Ended December 31, 2018.

[3] Facebook 海外税收引起整体税负下降5.9个百分点。See, Facebook Annual Report for the Fiscal Year Ended December 31, 2018.

境，市场国纷纷向跨国数字企业开刀。法国为平息国内民众情绪①，率先开征数字服务税，英国即将推行②和加拿大正在考虑③的数字服务税与法国的数字服务税基本趋同。作为居民国的美国绝不会轻易将自己囊中的税收利益拱手相让，采取了包括启动 301 贸易调查在内的各种反制措施。

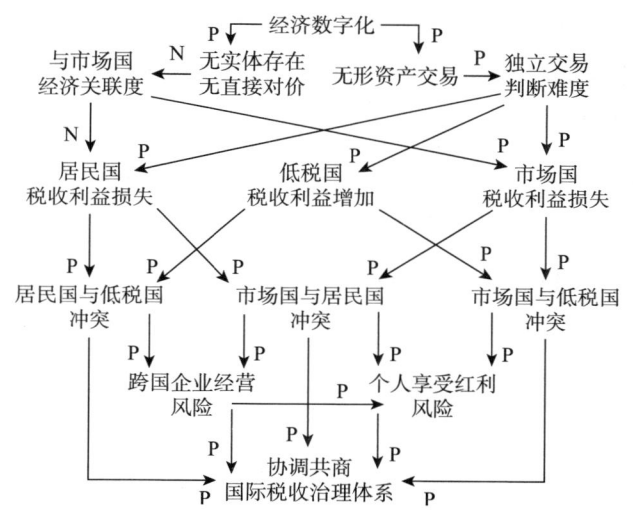

图 3　数字经济挑战带来的国家间税收利益冲突

---

① 参见：陈宇，丁玉娟. 刍议法国"黄马甲"事件背后的税制改革 [J]. 国际税收，2019（5）.
② 参见：廖益新，宫廷. 英国数字服务税：规则分析与制度反思 [J]. 税务研究，2019（5）.
③ Stephanie Soong Johnston. Canadian Digital Tax Likely as Trudeau Hangs On to Power[EB/OL]. https：//www.taxnotes.com/featured-news/canadian-digital-tax-likely-trudeau-hangs-power/2019/10/22/2b20t.2020-01-27.

2. 跨国企业将利润加速转移到低税国，要素国①与低税国矛盾加剧

数字经济下，由于信息通信技术的发达以及无形资产的难以估价和无形性，跨国企业充分运用全球价值链，进而利用国际税收规则漏洞进行避税。在独立交易原则难以执行或执行成本较高情况下，跨国企业将大量利润囤积于低税国，要素国税收损失严重，导致要素国与低税国税收利益矛盾加剧。

如图3所示，经济数字化带来大量无形资产交易，进而加大对是否构成独立交易的判断难度，带来居民国、市场国税收利益损失，同时，低税国税收利益增加，从而引发居民国与低税国的矛盾、市场国与低税国的矛盾。

传统制造企业耐克（Nike）2007年以来通过搭建"荷兰—百慕大离岸架构"，公司总体税负从2007年以前的34%降至25%，再降至20%以下②。Facebook2010年以来采用"双层爱尔兰—开曼群岛架构"避税，以及"股票期权

---

① 要素国是指要素持有者所在国，一般来讲，居民国是企业的资本要素所有者（股东）、劳动要素持有者（员工）所在国，市场国是指企业产品的用户所在国。在居民国、市场国与低税国的矛盾中，将居民国、市场国统称为要素国。

② Amy姐的跨境金融圈.税率35%降到16%！耐克离岸避税创新："美国—荷兰—百慕大"架构+特许费+贷款全揭秘[EB/OL]. Amy姐的跨境金融圈公众号，2017-11-22/2020-01-23.

漏洞"两种手段，将公司有效税负降低到仅 3.8%，远低于美国法定税率[①]。

另一方面，为保证低税国从表面上以合法形式享有利润，跨国企业将创造价值的重要资产——无形资产提前布局至低税国。米冰利用 186 个国家和地区 2014~2018 年的跨国面板数据检验证实企业所得税税率对一国专利的净转移数量有着显著的负向效应，即跨国企业为减轻税收负担，将其所拥有的专利所有权配置于避税天堂[②]。

3. 不确定性加大跨国企业经营风险，不利于个人享受科技进步红利

数字经济正逐步将旧的国际税收秩序攻破，相关市场国为保护自己的正当利益必会奋起反抗，以法国为代表的市场国开启单边征税行动就是一种现实反应，当然数字经济既得利益者（居民国）也不会善罢甘休。另外，居民国与市场国又形成统一战线，一致要求低税国做出政策调整。同时，国际贸易中的无形资产转让定价争端此起彼伏。许可费定价规则的单边化引发的转让定价危机是可预

[①] Amy 姐的跨境金融圈. 综合税负 3.8%！Facebook "双层爱尔兰—开曼群岛"架构避税避出新高度 [EB/OL]. Amy 姐的跨境金融圈公众号，2017-12-26/2020-01-23.

[②] 米冰. 优化国家间税收分配的无形资产转让定价研究——基于跨国企业专利转移的证据 [J]. 中央财经大学学报，2019（12）.

见的高概率事件，并已然成了危及多边贸易体制的"灰犀牛"事件[①]。

确定的制度和环境是企业经营成长的重要条件。以上种种事件，一方面加剧跨国企业经营不确定性风险，另一方面，企业经营风险加大，必然影响个人享受数字经济发展带来的全球红利，阻碍人类整体共享数字经济红利。

矛盾是事物发展的动力。数字经济对当前国际税收秩序的挑战以及引发不同主体之间的冲突，将推动国际税收治理体系的新一轮改革、调整。如图3所示，市场国与居民国的税收利益冲突、居民国与低税国的税收利益冲突、市场国与低税国的税收利益冲突、跨国企业经营风险加大、个人享受科技发展红利难度加大，这些都要求协调、共商新的国际税收治理体系。当前法国等国家开征的数字服务税、OECD提出的双支柱方案、欧盟提出的《显著数字存在提案》、美国提出目的地现金流量税制、一些国际专家提出的全球单一税制等，正是探索寻找数字经济下国际税收治理体系的措施和成果，长远来看，终将能找到一条合理的、可行的道路。

---

① 马一德.多边贸易、市场规则与技术标准定价[J].中国社会科学，2019（6）.

五 OECD 等国际组织的研究对策及其局限性

（一）OECD 研究对策概况

面对数字经济初期的电子商务，经 1998 年渥太华部长级会议讨论，OECD 财政事务委员会（Committee on Fiscal Affairs，CFA）于 2001 年发布了《税收与电子商务：渥太华税收实施框架条件》（Taxation and Electronic Commerce：Implementing the Ottawa Taxation Framework Conditions）报告，明确了电子商务征税五项原则，包括：中性原则、效率原则、确定和简易原则、有效和公平原则、灵活原则。该阶段国际重点关注税收问题中的流转税（主要是增值税）。

2008 年国际金融危机以来，国际社会开始认识到数字经济的挑战严重制约了各国的财政筹资能力。2012 年二十国集团领导人委托经济合作与发展组织研究税基侵蚀与利润转移（BEPS）问题。OECD 于 2015 年完成了 BEPS 项目大部分行动计划的最终报告，第 1 项行动计划《应对数字经济的税收挑战》即应对数字经济的行动计划，但该行动计划对数字经济带来的问题并没有提出根本性对策。此时，国际重点关注协调的税收问题转向了企业所得税，但没有提及考虑个人所得税问题。

2018 年 3 月 OECD 包容性框架（Inclusive Framework）

工作组完成了《经济数字化带来的税收挑战——2018年中期报告》，对数字经济商业模式、价值创造过程进行了系统描述，但没有给出解决数字经济挑战的统一方案。OECD直到2019年提出双支柱方案，旨在重新划分数字经济下的国际税收权。随后就双支柱方案征求公众意见，争取在2020年底前通过协商一致的解决方案。

（二）OECD双支柱方案

作为解决数字经济问题的双支柱方案，OECD希望通过它们支撑起新的国际税收秩序。从理论上来讲，《秘书处关于支柱一下"统一办法"的提案》(Secretariat Proposal for a "Unified Approach" under Pillar One)（简称支柱一方案）主要关注常设机构消失和无直接对价带来的居民国与市场国之间的矛盾，支柱二方案对应的则是在常设机构或关联企业存在的情况下，难以判断无形资产交易是否符合独立性带来的低税国避税问题（要素国与低税国的矛盾）。

支柱一方案公众咨询文件提出了新的经济关联原则（New Nexus）和利润分配规则（New Profit Allocation Rule），并明确政策适用范围。其核心利润分配规则分为三段分配机制，金额A部分（Amount A）或称为第一阶段，是新征税权，使用公式化分配方法将剩余利润分配给市场管辖区；金额 B 部分（Amount B）或称为第二阶段，是市场管辖区内发生的基础分销活动的固定报酬；金额 C 部分（Amount C）或称为第三阶段，是特殊调节金额。其创新在于，第一阶段赋予市场国新征税权，第二、第三阶段，仍能看到独立交易原则的存在，也就是说这是一个应对新挑战时新老规则的折中方案[①]。

《全球反税基侵蚀提案——支柱二方案》（Global Anti-Base Erosion Proposal（GloBE）—Pillar Two ）（简称支柱二方案）公众咨询文件旨在通过全球合作建立不同税收司法管辖区的税收竞争底线，确保跨国企业利润受到最低税率的约束，阻止有害税收竞争，构成了对 BEPS 问题的"兜底"措施。其核心规则包括针对保护居民国利益的所得纳入规则（Income-inclusion Rule）、保护市场国利益的征税不足付款规则（Under-taxed Payments Rule）。

（三）双支柱方案的局限性

双支柱方案对于划分国际税收管辖权提出了新思路，对于解决低税国避税问题提出了新措施，都有很大突破，是一种进步，但总体而言，仍具有较大局限性，很难从根

---

① 张志勇.近期国际税收规则的演化——回顾、分析与展望[J].国际税收，2020（1）.

本上解决数字经济对当前国际税收秩序的挑战。

1. 支柱一方案潜在问题较多

支柱一方案概念不够明确，操作不够简便[①]，真正落地比较困难，勉强落地也会引发更多新的问题。具体表现为如下两个方面。一是方案内部自身问题比较多，争议大。

原因一，政府主导分配难度大。传统经济时代 OECD 范本基于来源国（市场国）政府单国先行占有、全球范围自下而上的分配方式，政府主导企业利润的分配可能是有效的，但数字经济下拟采用多国政府主导、全球范围自上而下分配跨国企业的剩余利润金额 A 部分，这在信息分散和相互争利的谈判桌上几乎不可能实现。这也是计划经济体制难以奏效的根本原因。

原因二，规则选择分歧大。如果是政府主导各国协商来分配企业的利润，将会带来一系列非常棘手的问题。首先是跨国企业选择什么会计准则，其次是适用什么税法，最核心的是如何确定剩余利润以及剩余利润的分配方法，最后是分配什么，是分配利润，还是分配税收，都存在争议。

原因三，争议解决机制效率低。本来各国对剩余利润的分配就难以达成一致意见，如果方案勉强通过，在具体

---

① 汪成红. 最佳方案：概念更明确操作更简便 [N]. 中国税务报，2020-01-08.

实践中遇到利益纠纷，后续仲裁或者协调就更难达成一致。

二是方案之外的问题也比较多，性质更为严重。从渥太华税收实施框架原则来看，其一，不符合税收中性原则。支柱一方案明显不符合税收中性原则，对于经营业绩优良的数字企业要剥离剩余利润，对于经营业绩一般的企业则不做考虑，带有一定歧视性、不公平对待，这也是美国对法国数字服务税进行301调查的理由[①]。

其二，不符合确定和简易原则。若按支柱一方案执行，将带来诸多不确定性，操作不够简易，例如对于数字企业是否在市场国构成纳税义务，不是按经营活动性质来判断，而是各国按自行确定数量标准来判断[②]，这会给跨国企业纳税遵从带来很高成本。

其三，不符合有效和公平原则。一是方案既然认可用户包括无偿参与用户和有偿购买用户参与了价值创造，为什么只考虑给用户所在的市场国分享税收，而不考虑给用户分享收益；二是方案不但将高度数字化企业的无偿参与用户纳入分配规则，还将面向消费者的企业远程销售的有偿购买用户纳入分配规则，那么其他参与价值创造的要素，例如，资

---

① 张春燕.法国数字服务税法案的出台背景及影响分析[J].国际税收，2020（1）.
② OECD. Public Consultation Document Secretariat Proposal for a "Unified Approach" under Pillar One [R]. 第14段.

本要素的持有者股东、劳动力要素的持有者员工等,为什么不统一公平地纳入分配规则。

2. 支柱二方案运行不够稳健,难以持久

支柱二方案以部分国家已立法实施的措施为范例而设计,虽相对容易实施和推广[1],但其中的技术难题并不少,推行起来复杂度并不低[2],另一方面由于单靠政府来推进,缺乏微观主体的支持,运转效率较低,执行成本会比较高,运行不够稳健。

双支柱方案不管是从自身的可执行性、运转效率和成本,还是从其外部来看,都存在较多待解决的问题。在支柱一方案公开征求意见期间,收集到的304份意见中有超八成是非积极态度[3]。诺贝尔经济学奖获得者、"机制设计理论之父"奥尼德·赫维茨(Leonid Hurwicz)认为:"一个经济机制有效运行的两个核心问题是信息有效性和激励相容性。"[4]双支柱方案对于这两个问题都没能很好地回应。

---

[1] 金方剑.数字经济税收问题的第三条改革道路:对全球"最低有效税率"方案的研评[J].国际税收,2019(5).
[2] 何杨,鞠孟原."全球反税基侵蚀"方案的最新发展和评析[J].国际税收,2020(2).
[3] 刘奇超.论经济数字化国际税收改革中统一方法的规则设计:一个观点综述[J].国际税收,2020(2).
[4] 郭其友,李宝良.机制设计理论:资源最优配置机制性质的解释与应用——2007年度诺贝尔经济学奖得主的主要经济学理论贡献述评[J].外国经济与管理,2007(11).

不管是支柱一方案还是支柱二方案，一方面试图用超市场的"看得见的手"的方式来分配利润却对各跨国企业和用户的信息缺乏了解，信息有效性差，另一方面也无法实现参与各方的利益一致，而是停留在一种零和博弈的状态，无法激励相容。

从政治经济学的角度来看，双支柱方案未能破解上层建筑与数字经济时代经济基础之间的矛盾。支柱一方案的金额 B 部分继续沿用本地利润本地分配方式，但蜕化到常规平均利润，与前述的本地利润归属与全球化生产之间的矛盾是相同的；支柱一方案的金额 A 寻求新的利润分配方式，但未能找到参与分配的微观竞争动力，仅依赖宏观的公式分配，在无中央权威组织的协调下，很难达成一致。支柱二方案试图以最低税规则来限制经济基础（生产全球化）与上层建筑（利润归属本地化）之间的矛盾（跨国企业对低税国的过多利润归属），基本上也是徒劳的。

2020 年 1 月 31 日 OECD/G20 包容性框架发表关于以双支柱方案应对经济数字化带来的税务挑战的声明[①]，重申

---

① OECD（2020）. Statement by the OECD/G20 Inclusive Framework on BEPS on the Two-Pillar Approach to Address the Tax Challenges Arising from the Digitalisation of the Economy. January 2020，OECD/G20 Inclusive Framework on BEPS, OECD, Paris. https：//www.oecd.org/tax/beps/statement-by-the-oecd-g20-inclusive-framework-on-beps.htm.

致力于达成一个基于共识的长期解决方案。OECD秘书长安赫尔·古拉（Angel Gurria）表示："认识到在制定可行的解决方案方面存在技术挑战，以及在未来几个月需要解决的关键政策分歧。"[①]2020年10月12日，OECD税收政策负责人帕斯卡尔·圣阿芒（Pascal Saint-Amans）宣布，原本预计在2020年底达成协议的全球数字经济征税谈判将延期至2021年中，在签署协议之前，仍需克服重大的政治分歧，特别是应将哪些公司纳入新政以及规则是否具有强制性等问题[②]。

（四）转让定价政策及其局限性

1. 转让定价政策

转让定价政策对应于常设机构和关联企业的内部交易定价问题。针对大量无形资产交易带来的定价难，税收转移到低税国的难题，在OECD 2015年BEPS 15项行动计划中有多项行动计划是针对跨国企业内部交易转让定价的报告，例如，第3项行动计划——《制定有效受控外国公司规则》

---

① OECD. International Community Renews Commitment to Multilateral Efforts to Address Tax Challenges from Digitalisation of the Economy [EB/OL]. http://www.oecd.org/tax/international-community-renews-commitment-to-multilateral-efforts-to-address-tax-challenges-from-digitalisation-of-the-economy.htm.2020-02-02.

② 王雅莉. 全球数字税谈判延期面面观[N]. 中国税务报，2020-11-10.

（Designing Effective Controlled Foreign Company Rules）、第4项行动计划——《对利用利息扣除和其他款项支付实现的税基侵蚀予以限制》（Limiting Base Erosion Involving Interest Deductions and Other Financial Payments）、第5项行动计划——《考虑透明度和实质性因素有效打击有害税收实践》（Countering Harmful Tax Practices More Effectively, Taking into Account Transparency and Substance），第8~10项行动计划——《确保转让定价的结果与价值创造相一致》（Aligning Transfer Pricing Outcomes with Value Creation）、第13项行动计划——《转让定价文档与国别报告指南》（Guidance on Transfer Pricing Documentation and Country-by-Country Reporting）等，其主要目的在于解决数字经济带来的大量无形资产交易所导致的市场国与居民国之间、要素国与低税国之间的定价及相应利润分割问题，其倡导的工具则是继续落实完善独立交易原则。但是，其中一个转变是第8~10项行动计划中除了以落实独立性原则为主外，还引入了交易利润分割法，并将在后期继续深化。

2018年OECD/G20 BEPS项目包容性框架第10项行动计划发布《关于利润分割法应用的修订指南》（Revised Guidance on the Application of the Transactional Profit Split Method）（简称PSM指南），回答何时应选择利润分割法作为最合适的转让定价方法，如何应用利润分割获得符合独立交易原则的结果。2019 年的双支柱方案中的支柱一方案则建议将剩余利润分割法作为对用户市场国的利润分配方法[①]。

2. 转让定价政策的局限性

从独立交易原则到利润分割法，这是一个不得不做出的历史转变。可以说，不管是支柱一方案对常设机构消失、无直接对价的应对策略，还是支柱二方案对常设机构、关联企业存在情况下大量无形资产交易的应对举措，OECD 主导的分配方式不约而同地走向了一起，即利润分割法，不再考虑跨国企业内部单次交易价格的确定问题，其不同之处在于：支柱一方案倡导的是剩余利润分割法，支柱二方案倡导的是全部利润分割法。但是正如上面谈到的支柱一方案的缺陷，剩余利润分割法落地存在很大困难，全部利润分割法的落地也不是一件易事。

（五）UN 范本改进对策及其局限性

1. UN 范本改进对策

2020 年 10 月 29 日闭幕的联合国国际税务合作专家委员会（The UN Committee of Experts on International Cooperation in Tax Matters）第 21 届会议投票决定，将拟议的 12B 方

[①] 国家税务总局广东省税务局国际税收课题组. BEPS 行动计划背景下利润分割法在我国应用的探讨 [J]. 国际税收，2019（11）.

案纳入《联合国发达国家和发展中国家双重征税示范公约》作为一项新的选择条款（Optional Article），赋予自动化数字服务提供商客户所在国额外的征税权[①]。如果将这一条添加到双边税务条约中，相关发展中国家可通过对自动化数字服务的收入征收预扣税（Withholding Tax）来实现其国内征税权。

2. UN 范本改进对策的局限性

与 OECD 的双支柱方案相比，联合国的 UN 范本改进是相对有限的，它仅提出了对特定服务的预提所得税建议。对于保障市场国税收权益来讲，改进的方案也很难解决前述提到的数字经济对当前国际税收秩序的挑战。预提所得税政策对于有现金支付的交易有作用，可以分享部分税收利益；但对于不存在现金交易的无直接对价交易则不起作用，对于跨国企业在全球经营获取的超额利润也无从分享。

六　市场国应对数字经济举措及局限性

（一）市场国应对概况

在数字经济迅速发展、席卷全球的潮流下，欧盟委

[①] Julie Martin. UN to Add Automated Digital Services Article to Model Tax Treaty[EB/OL]. https://mnetax.com/un-to-add-automated-digital-services-article-to-model-tax-treaty-41279.2020-11-09.

员会认为如今的国际企业税收规则已不适应现代全球经济的现实,而且无法找到在一个国家无实体存在便可从数字服务中获利的商业模式。现行税法也未能认识到数字世界创造利润的新方式,尤其是用户在为数字企业创造价值方面发挥的作用。因此,在创造价值的地方和纳税的地方之间存在脱节或"不匹配"。以法国等欧洲国家为代表的市场国税基受到严重侵蚀,强烈要求改变当前国际税制。

2018年3月欧盟委员会提出了两项立法提案:第一项提案为《关于制定显著数字存在性公司税收规则的理事会指令提案》(Proposal for a Council Directive Laying Down Rules Relating to the Corporate Taxation of a Significant Digital Presence)(以下简称《显著数字存在提案》),旨在改革企业税收规则,以便在企业通过数字渠道与用户进行大量互动时对其利润征税。这是委员会更倾向的长期解决办法。第二项提案为《关于对提供某些数字服务产生的收入征收数字服务税的共同制度的理事会指令的提案》(Proposal for a Council Directive on the Common System of a Digital Services Tax on Revenues Resulting from the Provision of Certain Digital Services)(以下简称《数字服务税提案》),回应了几个成员国关于征收临时税(Interim Tax)的呼吁,该税涵盖了欧盟目前完全免税的主要数字活动①。

但由于荷兰、爱尔兰、马耳他、丹麦等国家反对②,以上两个提案均未能获得通过,仅形成了妥协成果——《关于提供数字广告服务所得收入的数字广告税共同制度的理事会指令提案》(Proposal for a Council Directive on the Common System of a Digital Advertising Tax on Revenues Resulting from the Provision of Digital Advertising Services)③(以下简称《数字广告税提案》)。迫于形势,最终,2019年7月法国推出自己的数字服务税。随后,英国、意大利、波兰、奥地利等国家相继推出数字服务税④。

(二)《显著数字存在提案》

作为解决数字经济问题的长期策略,《显著数字存在

---

① European Commission, Taxation and Customs Union. Fair Taxation of the Digital Economy[EB/OL]. https://ec.europa.eu/taxation_customs/business/company-tax/fair-taxation-digital-economy_en.2021-01-24.
② Daniel Bunn. A Summary of Criticisms of the EU Digital Tax[EB/OL]. https://taxfoundation.org/eu-digital-tax-criticisms/.2021-01-24.
③ European Council, Council of the European Union. Economic and Financial Affairs Council, 12 March 2019[EB/OL]. https://www.consilium.europa.eu/en/meetings/ecofin/2019/03/12/.2021-01-24.
④ Elke Asen. What European OECD Countries Are Doing about Digital Services Taxes[EB/OL].https://taxfoundation.org/digital-tax-europe-2020/.2021-01-24.

提案》首先要解决的是如何构成显著数字存在，以此构成类似 OECD 范本模式下的常设机构概念，从而形成市场国征税的标志物。《显著数字存在提案》第四条规定如果企业通过数字接口提供服务，且满足三个条件之一：a）在该纳税期内向该成员国境内的用户提供这些数字服务而获得的收入超过 700 万欧元；b）该等数字服务中一项或多项的使用者在该课税期内位于该成员国的人数超 10 万人；c）位于该成员国的用户在该纳税期内就提供任何该等数字服务而订立的商业合约数目超过 3000 份，即视为构成显著数字存在。其次，确定归属于该显著数字存在的利润。《显著数字存在提案》沿用了独立交易原则，以独立交易原则来判断应该归属于该显著数字存在的利润。《显著数字存在提案》第五条规定应归属于该数字存在或与该数字存在有关的利润，应将该数字存在视为一个独立的企业，在相同或类似的条件下执行相同或类似的活动，特别是在与企业其他部分的交易中，考虑到所执行的功能、使用的资产和承担的风险，通过数字接口，该数字存在本应获得的利润。最后，该提案的一个进步表现在，不是给跨国企业制定确定的利润分配公式，而是将该权利交给企业，跨国企业可以选择自己认为比较合适的方式给市场国分配利润。第五条第六款规定："在确定第一款至第四款规定的可归属利润时，纳税人应使用利润分割法，除非纳税人证明根据国际公认原则采用的替代方法更适合于功能分析的结果。利润分割因素可能包括用于研究、开发和营销的费用，以及每个会员国收集的用户数量和数据。"

（三）《数字服务税提案》

在解决数字经济问题的长期方案《显著数字存在提案》难以通过的情况下，欧盟部分成员建议采取临时措施，通过《数字服务税提案》开征数字服务税。《数字服务税提案》相较于《显著数字存在提案》，在构成应税条件上范围较窄。例如，《数字服务税提案》第四条规定在本国构成纳税人的实体需同时满足以下两个条件：a）该实体报告的相关财政年度全球收入总额超过7.5亿欧元；b）在相关财政年度内，联盟内实体获得的应税收入总额超过5000万欧元。其次，《数字服务税提案》征税方式简单，直接按对应收入部分课税，与《显著数字存在提案》按独立性原则或其他方法来分割利润不同，其优点在于可以避免利润分割中转移定价、税基侵蚀问题，而缺点则是从对所得额征税转变为对营业额征税。最后，《数字服务税提案》以专门章节明确了征税方式和反避税措施。如果方案得以通过，市场国可以据此征税。在欧盟范围内《数字服务税提案》未获得通过的情况下，法国、英国等国推出的数字服务税，基本以欧盟《数字服务税提案》为蓝本。

(四)《数字广告税提案》

欧盟委员会讨论《数字服务税提案》也未能通过,最终妥协结果是提出一个更小范围的数字服务税,即《数字广告税提案》。与《数字服务税提案》相比,最大差别在于《数字广告税提案》将课税范围缩小到数字企业提供在线广告服务取得的收入上,而《数字服务税提案》的课税范围则是如下三种类型收入:一是针对用户界面的广告投放收入,二是提供多方互动平台的收入,三是传输收集用户数据的收入。《数字广告税提案》最后明确时间表,拟定在2021年12月31日各成员国走完国内程序,2022年1月1日生效。这对于急于征收数字服务税的法国等国家来讲,显然是远水不解近渴,由此,必然采取单边措施征收数字服务税,而且欧盟一些成员国还极力反对这一方案。

(五)部分国家开征数字服务税

法国虽然最先开征数字服务税,但其进程并不容易,在外部各种威胁和利诱下,很难实际落地并征收到税款。2019年7月25日法国率先通过数字服务税法案,内容与欧盟《数字服务税提案》大同小异。特朗普政府对此坚决反对,2019年12月,特朗普政府根据贸易代表办公室301条款调查结果提议征收报复性关税,还威胁要对其他一直在试图征收数字服务税的国家征收关税。法国则誓言如果美国继续威胁对法国产品征收关税，欧盟将予以报复。2020年1月达沃斯会议上，法国与美国就数字税收问题的态度稍有缓和，同意继续开展OECD包容性框架支柱一方案和支柱二方案的工作。但是，前进的路并不平坦。2020年6月18日美国以"世界各国政府都应该把注意力集中在处理新冠肺炎疫情带来的经济问题上"为托词，决定退出对数字巨头征税的重大改革谈判。对此，法国等欧洲国家非常气愤。2020年7月10日美国贸易代表办公室又宣布对法国输入美国的商品加征关税以应对法国的数字服务税，2021年1月6日生效。而2021年1月7日最新消息，美国政府宣布无限期暂停对法国进口商品加征关税。2020年美国政府换届后，新任财长耶伦与法国财长勒梅尔进行了就任后的首次通话，称将致力于重新积极参与OECD正在主持的国际税改讨论，以便及时达成相关国际协议。英国通过了《2020年财政法案》（Finance Act 2020），从2020年4月开征数字服务税。

（六）市场国应对举措的意义和局限性

1. 市场国应对举措的意义

从数字经济国际税收秩序实践上来讲，以法国等为代表的欧盟国家认识到在数字经济时代传统的OECD范本秩序已经不能适应新形势，谋求通过集体变革来争取、维护自身的利益。不管是欧盟提出的《显著数字存在提案》长期解决方案，还是《数字服务税提案》临时措施方案，还是妥协版本的《数字广告税提案》，还是各国推行的单边数字服务税，都是实实在在的行动，对于维护市场国税收利益，推动数字经济下国际税收秩序改革具有重要意义。

从理论上讲，当前提出的各种方案，包括《显著数字存在提案》《数字服务税提案》《数字广告税提案》以及已经推行的数字服务税，为后续的国际税收秩序的诞生准备了理论基础。

2. 市场国应对举措的局限性

从实践层面看，由于欧盟的松散性、成员国利益的不一致性，很难在欧盟各国达成一致意见，其推进过程将是曲折的。就法国等单边征收的数字服务税，从外部环境来看，由于以美国为代表的数字企业居民国的抵制、反制，法国等国家面临着很大的政治、经济压力；从市场国内部来看，市场国征收数字服务税并没有很好的依据，不像传统经济下可以根据独立交易原则对在本地经营的企业进行税务检查、稽查，同时，市场国政府也没有找到自己的同盟力量，在征收数字服务税这一行为上显得势单力薄。

此外，《显著数字存在提案》还是保持在对利润课税的轨道上，欧盟即使能够通过该法案，对显著数字存在的利润课税也会很困难，同样面临当前的税基侵蚀与利润转移问题；后面的《数字服务税提案》《数字广告税提案》为了方便行事，已经偏离对利润课税的轨道，转到了对营业额课税[①]，已经失去企业所得税的本义。不管是《显著数字存在提案》，还是《数字服务税提案》《数字广告税提案》，还是当前一些国家已经落地的数字服务税，都不能全面合理、简便易行地确定归属于市场国的利润，这是税制理论上的重大缺陷。综合来看，以此为基础建立起数字经济下的国际税收秩序比较困难。

七 居民国应对数字经济举措及局限性

（一）居民国应对概况

数字经济下居民国（主要是美国）面临的主要是利润向低税国转移、国内税基遭受侵蚀问题，为此，美国国内提出多种税制改革建议。截至目前，美国至少提出了两个对

[①] 有人认为数字服务税是预提所得税性质，笔者认为界定为对营业额课税的营业税更恰当。从预提所得税的特点来看，预提所得税是在支付价款时，由支付单位按一定比例直接扣缴；数字服务税则与此不同，是在一定经营期限内，跨国企业将总营业收入按一定方法分配给本地部分经营收入，跨国企业对归属于本地的部分经营收入按一定比例缴纳。因此，数字服务税更接近于营业税性质。

策，一是 2016 年共和党人提出的边境调整税（Border Adjust Tax），二是《2017 年减税与就业法案》（Tax Cuts and Jobs Act of 2017）中引入的全球无形资产低税收入制度（Global Intangible Low-taxed Income，GILTI）。边境调整税未能被采纳执行，全球无形资产低税收入制度则在推广中[①]，后文不做展开。同时，相对于市场国，居民国作为利益取得方，则极力维护自身利益，不愿做出改革让步。但随着数字经济的深化，居民国内部不同区域之间的税收利益冲突加剧。2021 年 2 月 12 日美国马里兰州（Maryland）否决州长决定，通过数字广告总收入税（Digital Advertising Gross Revenue Tax，DAGRT），成为美国国内第一个开征数字广告税的州。互联网企业则展开大规模游说反对开征数字服务税。

（二）边境调整税改革建议

早在 2010 年美国加州大学伯克利分校艾伦·奥尔巴赫（Alan J. Auerbach，University of California，Berkeley）在美国进步中心（The Center for American Progress）和汉密尔顿项目（The Hamilton Project）联合支持下发表了《现代企业所得税》（A Modern Corporate Tax），分析

---

① GILTI 相关材料见：朱青. OECD 第二支柱中的 IIR 规则与美国 GILTI 税制的差异 [J]. 税务研究 .2021（1）.

了美国公司税制面临的挑战，提出了目的地现金流量税制（Destination-Based Cash Flow Taxation，DBCFT），认为这一体系能够保持公司的税收收入，同时提高企业在美国选址、投资和生产的积极性，从而为美国工人带来更高的工资和更好的就业机会。

2016年6月美国众议院共和党发布了一项税收改革蓝图《更好的税收方式——我们对自信美国的愿景》（A Better Way Tax——Our Vision for a Confident America）。该提案的一项重要改革建议是将目前的企业所得税转换成所谓的"目的地现金流量税制"。最关键的一个条款是：征税是基于货物的最终目的地，而不是生产地（原产地），在涉及进出口时，将进行边境调整，对进口征收所得税，对出口则免征所得税。由此，该提议的企业所得税可简称为边境调整税。经过一年时间的争论，2017年7月美国众议院、参议院和白宫的共和党领导人在一份联合声明中表示，"虽然我们一直在讨论边境税调整的好处，但我们意识到，有许多未知因素与之相关，并决定将这一政策放在一边，以推进税收改革"，这标志着特朗普政府放弃了以边境调整税为目标的改革[①]。

---

① 共和党发布联合声明称边境税已死，特朗普被自己人打脸 [EB/OL].http://news.cngold.com.cn/20170728d1702n165744522.html.https://taxfoundation.org/house-gop-s-destination-based-cash-flow-tax-explained.2020-11-09.

（三）美国一些州动议开征数字服务税

美国马里兰州（Maryland）2021年2月12日，成为美国国内第一个开征数字广告税的州。数字广告总收入税最初于2020年3月获得通过，但随后被马里兰州州长拉里·霍根（Larry Hogan）否决。然而，马里兰州的立法机构投票又推翻了州长的否决。大型科技公司游说团体于2021年2月17日提出申诉——在马里兰州立法机构投票推翻州长否决不到一周之后——根据禁止歧视电子商务的《互联网税收自由法》（Internet Tax Freedom Act）和美国宪法的正当程序条款和商业条款，对DAGRT提出质疑。然而，除了马里兰州提出相关数字服务税的法案外，其他州也在考虑征收数字广告税。纽约州（AB 10706）、康涅狄格州（HB 6187）和印第安纳州（HB 1312）也提出了类似的法案[1]。

（四）居民国应对举措的意义和局限性

1.居民国应对举措的意义

美国为应对数字经济下向低税国转移利润的问题，以

---

[1] Starling Marshall, Preetha Chakrabarti, Christopher A. Cole & Roy Abernathy. Maryland's Digital Advertising Tax: A Contentious Start, and an Uncertain Future[EB/OL]. https://www.retailconsumerproductslaw.com/2021/02/marylands-digital-advertising-tax-a-contentious-start-and-an-uncertain-future/.2021-02-28.

及促进本国经济发展提出的应对措施，对于应对数字经济挑战、促进世界各国经济发展具有一定的借鉴意义。全球无形资产低税收入规则为 OECD 支柱二方案的设计提供了参考，与欧盟等市场国有相对统一的共识。目的地现金流量税制分为两个方面，一是基于销售目的地征税，一定程度上肯定了市场国的价值，市场国在剩余价值的分配中应该得到应有的份额；二是现金流量税制相对于现在的权责发生制计税方式也有很大的优越性，值得在以后的实践中探索推进。美国国内一些州开征数字服务税动议，与法国等国家提出的数字服务税是一致的，是数字经济下国际税收利益分配不公平在国内的体现和矛盾的激化，为推进国际税收制度改革提供了支持。

2. 居民国应对举措的局限性

一是相关政策难以实现。美国推出的全球无形资产低税收入制度（GILTI）虽然在一定程度上遏制了利润向低税国转移，但并不会像预期那样精确地运转[①]，正是由于其复杂性，导致不能从根本上解决问题。推出目的地现金流量税是基于自身利益的考量，而没有考虑经济生产的全球化，将目的地现金流量税囿于一国之内，遂出现令人惊愕

---

① Kyle Pomerleau. What's up with Being GILTI?[EB/OL].https：//taxfoundation.org/gilti-2019/.2020-11-09.

的边境调整税。从理论上来讲，基于一国边界调整的目的地现金流量税并不能解决经济全球化带来的全球利润转移问题[①]。二是居民国在国际税改上呈矛盾状态。由于居民国在数字经济下税收利益失与得的两面性（在低税国面前，是税收利益损失；在市场国面前，是税收利益取得），美国一方面保障自身利益，打击低税国；另一方面又不想给市场国分享税收利益，同时，在不与市场国分享利益的情况下，双方矛盾增大，斗争激烈，且面临其他数字企业居民国的竞争，又不得不做出一定程度的让步。三是居民国在国内税改上很难突破。由于国际上不愿意给市场国分享税收利益，其对国内不同区域间的税收分享也基本上持消极态度，不利于国内税制改革和经济发展。

八　区域大国、区域组织内部优化税收秩序实践

国家与国家之间的矛盾，很多情况下与大国内部、区域性组织内部的矛盾类似，后者现行的处理办法也可为前者解决相似问题提供参考和启示。

---

① Institute on Taxation and Economic Policy，ITEP. Regressive and Loophole-Ridden：Issues with the House GOP Border Adjustment Tax Proposal[EB/OL].https：//itep.org/regressive-and-loophole-ridden-issues-with-the-house-gop-border-adjustment-tax-proposal/.2020-11-09.

（一）美国州所得税的地方间分享安排

美国作为联邦制国家，各州政府有权征收州所得税。1911年威斯康星州率先开征现代意义上的州所得税[①]。随着跨州经营的出现，1951年最高法院在 Spector Motor Service, Inc. v. O'Connor [340 U.S. 602（1951）] 案例中判决各州对在本州从事跨州特许经营行为无权征税。为绕过这一限制，明尼苏达州只对不属于特许权税（Franchise Tax）范围的公司征收所得税，并由此引发了冲突。1959年最高法院的 Northwestern States Portland Cement Company v. Minnesota [358 U.S. 450（1959）] 判决则确认了作为市场活动地的州有权对非本州居民企业但形成足够联系的公司征收所得税。

当前，美国大部分州基本按1957年美国统一法律委员会（Uniform Law Commission，ULC）通过的《应税所得统一分配法案》（Uniform Division of Income for Tax Purpose Act，UDITPA）所建议的方法由企业统一计算分配并在相应州申报纳税[②]。

在数字经济下，美国国内各州间税收利益矛盾首先

[①] 雷根强，陈鑫.公司所得税地区间分配的经验与启示——以美国跨州经营公司为例[J].财政研究，2010（6）.
[②] 王道树，黄运，王春成.美国州公司所得税收入归属的经验与借鉴[J].税务研究，2007（5）.

表现在销售税上。美国最高法院在 2018 年 6 月的 South Dakota v. Wayfair Inc., et al. 案中判决支持南达科他州在满足一定条件下对在本州未设立实体而发生实际经济业务的企业征收销售税。如上提到的，美国国内一些州通过了类似数字服务税的法案，但能否广泛推广开来，是数字经济下美国国内税改的最新动向。

（二）中国企业所得税的征收办法

中国企业所得税由中央与地方共享，妥善处理地区间税收利益分配一直是个重要问题。作为现代税制建设后发国家，我国企业所得税的征收办法参考了美国州企业所得税的做法。在 2008 年之前，总分支机构地方间分享企业所得税按分支机构是否独立核算来确定是否就地缴纳所得税。

2008 年新《企业所得税法》颁布，推行法人税。实行法人税，如何平衡总部所在地与分支机构所在地税收利益的关系，成为当时一个比较突出的问题。很多专家学者对此进行了研究，提出了建议，最终财政部等印发《跨省市总分机构企业所得税分配及预算管理暂行办法》，中国建立了"统一计算、分级管理、就地预缴、汇总清算、财政调库"的分配管理办法，按营业收入、职工薪酬和资产总额三要素在不同生产地间进行分配。2012 年发布《跨省市总分机构企业所得税分配及预算管理办法》，对分配管理办法进一步优化，主要优化在于将企业所得税汇总清算的主体由总机构调整为总机构和分支机构共同参与，以保证预缴地和汇缴地的收益与责任平衡。

（三）欧盟区域内国家间所得税征收办法

欧盟作为区域性政治经济组织，一直致力于打造统一、公平的内部市场，促进企业便利、市民就业和经济发展。为应对数字经济下区域内愈演愈烈的税基侵蚀与利润转移，欧盟在2001年首次提出统一税基和避免双重征税的方案，2011年正式推出统一企业所得税税基（Common Consolidated Corporate Tax Base，CCCTB）提案[1]，2016年在欧盟理事会（European Council）再次提出共同统一公司税基建议，拟分两个阶段推进，一是建立统一企业税基（Common Corporate Tax Base，CCTB）的指令提案，二是建立统一企业所得税税基（CCCTB）的指令提案，并拟对欧盟内一些跨国公司强制执行[2]。

统一企业所得税税基的进步在于在统一企业税基的基础上，确定各成员国按统一公式进行共享分配。欧盟计划

---

[1] 叶莉娜.常设机构利润归属：独立交易法 VS 公式分摊法[J].税收经济研究，2012（3）.

[2] 欧洲理事会. Common Consolidated Corporate Tax Base（CCCTB）[EB/OL]. https://ec.europa.eu/taxation_customs/business/company-tax/common-consolidated-corporate-tax-base-ccctb_en.2020-01-06.

引入的公式分配法与当前美国和中国国内企业所得税的公式分配法是一致的，其进步在于引入基于销售目的地的分配要素，在不同生产地和销售目的地之间分配，这在欧洲都是先例，但由此引发商业欧洲（Business Europe）等一些组织的反对[①]。

2017年5月欧盟经济和金融事务理事会（Economic and Financial Affairs Council）就统一企业税基进行了讨论，希望在整个欧盟范围内在协调和应用规则时保持适当的灵活性[②]。目前，统一企业所得税税基还处于立法审议中[③]。

九　国内外税收学者研究建议及评价

（一）国外税收专家学者研究建议

面对数字经济带来的国际税收治理挑战，国外一些税

[①] Comments on document CCCTB\WP\060 Common Consolidated Corporate Tax Base Working Group – Possible elements of the sharing mechanism[EB/OL] https：//ec.europa.eu/taxation_customs/sites/taxation/files/resources/documents/taxation/company_tax/common_tax_base/unicecomments_wp060.pdf.2020-11-09.

[②] 欧洲理事会. Common consolidated corporate tax base [EB/OL].https://www.consilium.europa.eu/en/policies/ccctb/.2021-01-12.

[③] Briefings EU Legislation in Progress，Common consolidated corporate tax base（CCCTB）[EB/OL].https://www.europarl.europa.eu/thinktank/en/document.html?reference=EPRS_BRI（2017）599395.2021-01-12.

收专家学者进行了思考,提出了对策、建议,其中全球利润全球分配的单一税制(Unitary Taxation),即在税收上将企业集团视同单一法人对待,是一项重要建议[①]。

1. 英国牛津大学团队的声音

英国牛津大学迈克尔·德沃罗(Michael P. Devereux)团队2021年出版了《全球经济利润征税》(*Taxing Profit in a Global Economy*)一书,提出了两个方案。一是基于收入的剩余利润分配法(Residual Profit Allocation by Income,RPAI),二是目的地现金流量税制[②]。剩余利润分配法与OECD支柱一方案公式分配法为同一体系,不同之处在于如何确定常规利润,如何确定剩余利润的分配公式,核心之处在于先确定常规利润,再分配剩余利润。但该类方法的致命问题是难以确认常规利润。目的地现金流量税制在美国的立法讨论,已经显示其难以奏效,根本原因是在全球化生产条件下本地利润无法得到有效保护和合理确认。

2. 美国密歇根大学鲁文的意见

密歇根大学法学院(University of Michigan Law School)鲁文·阿维-约纳(Reuven S. Avi-Yonah)教授等于2007

---

① 廖体忠. 国际税收政策的世纪选择与未来出路 [J]. 国际税收,2021(2).
② Michael P. Devereux, Alan J. Auerbach, Michael Keen, Paul Oosterhuis, Wolfgang Schön, John Vella. Profit in a Global Economy[M].https://oxfordtax.sbs.ox.ac.uk/taxing-profit-global-economy.2021-02-05.

年发表《全球经济中的公司税改革：采用公式分摊法的建议》（Reforming Corporate Taxation in a Global Economy: A Proposal to Adopt Formulary Apportionment）①，2019年发表研究论文《迈向21世纪的国际税收制度》（Toward a 21st-Century International Tax Regime）②，积极推动基于销售目的地的全球利润分配法（Destination Based Global Profit Allocation, DBGPA）。DBGPA与目的地现金流量税（美国尝试的边境调整税）相同点在于两者都强调基于销售进行分配，区别在于：一是DBGPA是全球单一税制，企业计算全球利润，按统一规则在全球进行分配；目的地现金流量税制是地方独立税制，企业只计算本地利润，按本地规则在本地分配；二是DBGPA分配的还是传统权责发生制下的利润，目的地现金流量税制则分配的是现金流量税

---

① Avi-Yonah, Reuven S. and Clausing, Kimberly A., Toward a 21st-Century International Tax Regime (August 26, 2019). Tax Notes International, pp. 839-849., U of Michigan Public Law Research Paper No. 656, U of Michigan Law & Econ Research Paper No. 20-001, Available at SSRN: https: //ssrn.com/abstract=3488779.

② Avi-Yonah, Reuven S. and Clausing, Kimberly A., A Proposal to Adopt Formulary Apportionment for Corporate Income Taxation: The Hamilton Project (April 2007). U of Michigan Law & Economics, Olin Working Paper No. 07-009, U of Michigan Public Law Working Paper No. 85, Available at SSRN: https: //ssrn.com/abstract=995202 or http: //dx.doi.org/10.2139/ssrn.995202.

制下的利润。DBGPA 与剩余利润分配法（包括 OECD 支柱一方案）的共同点是两者都强调在全球范围内分配利润；差异是 DBGPA 强调在全球范围内分配的是全球的全部利润，剩余利润分配法强调在全球范围内分配的是全球的剩余利润。

3. 税收正义者的呼吁

税收正义联盟（Tax Justice Network）高级顾问、英国兰卡斯特大学（Lancaster University）荣誉退休教授索尔·皮乔托（Sol Picciotto）于 2012 年发表《跨国公司征税走向单一税制》（Towards Unitary Taxation of Transnational Corporations），主张建立资产、就业、销售等要素参与的全球单一公式分配法税制[①]。2019 年皮乔托等在《国际公共服务》（Public Services International，PSI）发表《跨国公司征税：一种新方式》（Taxing Multinationals: A New Approach）（以下简称《一种新方式》），继续深入阐述全球单一税制[②]。皮乔托的单一税制与欧盟计划在其内部推进的 CCCTB 基本是一致的，都加入了基于销售的分配因素；

---

① Sol Picciotto. Towards Unitary Taxation of Transnational Corporations, Tax Justice Network. https：//www.taxjustice.net/cms/upload/pdf/Towards_Unitary_Taxation_1-1.pdf.

② Sol Picciotto and Daniel Bertossa. Taxing Multinationals: A New Approach, Public Services International.2019.

两者的不同之处在于皮乔托的单一税制强调是在全球范围内按统一公式分配，欧盟的 CCCTB 是希望在欧盟内按统一公式分配。欧盟作为一个相对紧密的区域性组织，在推进 CCCTB 过程中都面临很大困难，在全球范围内推进单一税制，又是何等困难。皮乔托的单一税制与鲁文的单一税制（DBGPA）的相同之处在于都是全球利润的全球分配法，即全球单一税制；不同之处在于皮乔托的单一税制除了考虑销售因素外，还考虑了传统的资产、就业等分配因素，鲁文单一税制则仅是基于销售的分配。

（二）对国外税收专家学者研究建议的评价

英国、美国等专家学者的研究建议对于推进数字经济下的国际税制改革具有重要作用。实际上，OECD 的支柱一方案就是参考了相关专家学者提出的剩余利润分配法。此外，笔者认同美国学者鲁文的观点，剩余利润分配法、边境调整税很难解决数字经济下的税收困境。美国学者鲁文和税收正义者皮乔托不约而同地走向单一税制，主张全球利润的全球分配法，联系到 OECD 转让定价政策转向全部利润分割法，欧盟拟推行的统一企业所得税税基制度，这可能预示着未来国际税制的发展趋势。但是，当前情况下如何实现单一税制，如何推动全球利润全球分配是最关键的问题。

(三)国内税收专家学者研究建议

对于数字经济带来的挑战,国内税收专家学者的研究基本与国际同步,主要研究企业所得税的国际协调问题,一方面是介绍国际进展情况,另一方面是发出自己的见解和声音。

1. 积极介绍 BEPS 进展情况及影响

高运根介绍了 BEPS 行动计划 1、成果 1 数字经济面临的税收挑战[1],国家税务总局科研所课题组介绍了世界主要国家在 BEPS 行动计划下采取的主要措施[2],刘奇超等分别介绍了数字经济的税收规则理论发展、立法实践和数字化、商业模式与价值创造的观点发展[3][4]。

梁若莲介绍了 OECD 专家帕斯卡·圣塔曼对数字经济带来的税收挑战的看法和展望[5],韩霖介绍了 OECD 应对经

---

[1] 高运根. BEPS 行动计划 1、成果 1——数字经济面临的税收挑战 [J]. 国际税收,2014(10).
[2] 国家税务总局课题组,陈琍,方凯,秦泮义. BEPS 行动计划:世界主要国家采取的措施和中国立场 [J]. 税务研究,2016(12).
[3] 刘奇超,罗翔丹,刘思柯,贾茗铄. 经济数字化的税收规则:理论发展、立法实践与路径前瞻 [J]. 国际税收,2018(4).
[4] 刘奇超,曹明星,王笑笑,王和美. 数字化、商业模式与价值创造:OECD 观点的发展 [J]. 国际税收,2018(8).
[5] 帕斯卡·圣塔曼. 数字化带来的税收挑战:盘点与展望 [J]. 梁若莲译. 国际税收,2019(8).

济数字化税收挑战工作计划中的双支柱方案[①]，刘奇超对支柱一方案的统一方法进行了观点综述[②]，金方剑介绍并评估了OECD全球"最低有效税率"方案[③]，何杨等介绍了"全球反税基侵蚀"方案最新发展情况[④]。管彤彤介绍了数字服务税的政策缘起、理论争议和各国的实践差异[⑤]。国家税务总局广东省税务局国际税收课题组介绍了OECD和美国在转让定价实践中利润分割法的应用发展情况[⑥]。

2. 展示立场和发出自己的声音

在应对数字经济无实体存在、无直接对价挑战方面，杨晓雯等对数字在价值创造中的意义进行了深入分析[⑦]；

[①] 韩霖. OECD应对经济数字化税收挑战的工作计划：简介与观察[J]. 国际税收，2019（8）.

[②] 刘奇超. 论经济数字化国际税收改革中统一方法的规则设计：一个观点综述[J]. 国际税收，2020（2）.

[③] 金方剑. 数字经济税收问题的第三条改革道路：对全球"最低有效税率"方案的研评[J]. 国际税收，2019（5）.

[④] 何杨，鞠孟原. "全球反税基侵蚀"方案的最新发展和评析[J]. 国际税收，2020（2）.

[⑤] 管彤彤. 数字服务税：政策源起、理论争议与实践差异[J]. 国际税收，2019（11）.

[⑥] 国家税务总局广东省税务局国际税收课题组，刘丽，陈高桦，刘姝成. BEPS行动计划背景下利润分割法在我国应用的探讨[J]. 国际税收，2019（11）.

[⑦] 杨晓雯，韩霖. 数字经济背景下对税收管辖权划分的思考——基于价值创造视角[J]. 税务研究，2017（12）.

刘奇超等就欧盟的统一企业所得税税基的公式分配法与美国的州所得税分配机制进行了比较，建议将其引申应用到"一带一路"国际税收秩序中[①]。在无形资产转让全球价值分配方面，姜跃生针对当时OECD提倡BEPS的价值创造论，提出了发展中国家应该坚持市场在价值创造中的重要作用[②]；刘奇超等提出在转让定价中的地域性特殊优势"市场溢价"理论[③]。张志勇对OECD/G20国际税改进程进行了回顾、分析，提出了多边合作机制是国际税改的必然结果，值得继续深化[④]。

从整体税制设计出发，倪红日在经济数字化、全球化分析基础上提出，应以税收制度和征管方法的简洁化来应对经济活动的复杂化[⑤]；曹明星基于"一带一路"倡议，提出税基共建与利润共享（Base Exploration and Profit

---

① 刘奇超，郑莹，曹明星. CCCTB机制阐发：公式分配法欧美比较与中国引申[J]. 国际税收，2016（7）.
② 姜跃生.BEPS的价值创造论与中国全球价值分配的合理化[J]. 国际税收，2014（12）.
③ 刘奇超，曹明星. 地域性特殊优势之"市场溢价"理论透视：由来、定位、实践与未来趋向[J]. 中央财经大学，2016（3）.
④ 张志勇. 近期国际税收规则的演化——回顾、分析与展望[J]. 国际税收，2020（1）.
⑤ 倪红日. 经济数字化、全球化与税收制度[J]. 税务研究，2016（4）.

Sharing, New-BEPS）的国际税收秩序新思路[①]。多数研究者表达了同样的观点：一是，中国的数字经济税制改革不能盲从 OECD 的方案，中国更不应该成为制定国际税收规则的旁观者；二是，中国应该积极行动起来，全面分析面临的数字经济税收挑战，并制定可行的政策措施，建立公平的现代化国际税收秩序方案[②]。

（四）对国内税收专家学者研究建议的评价

国内税收专家学者的研究都介绍了国际税制改革的情况，提出了税制改革的原则性建议，保证中国紧跟国际税收改革步伐，拥有参与改革的重要话语权。另一方面，笔者认为，国内学者提出的具体的改革方案和建议还不多，仍需结合中国数字经济的现状和发展前景，找到切实可行的改革方向。

十 优化国际税收秩序的启示

综观当前国际税收秩序和数字经济发展形势，以及

[①] 曹明星 . New-BEPS：提供"一带一路"理念下的国际税改方案 [N]. 中国税务报，2017-05-10.
[②] 张文春 . 属地税制、数字化税收与国际税收新秩序——当前国际税收发展的三大问题 [J]. 国际税收，2019（6）.

OECD 提出的双支柱方案，市场国、居民国的应对，区域大国的税制实践，国内外税收学者们的研究建议，可以得出以下经验启示，以推动国际税收秩序的优化。

（一）更加关注销售目的地[①] 参与所得税分配[②]

传统的企业所得税分配是根据生产要素数量，比如资产、就业人数、工资总额、营业收入等，在跨区域生产企业的不同生产区域进行分配。最典型的就是美国和中国的国内企业所得税跨区域间分配机制。但在数字经济新形势下，不管是 OECD 提出的支柱一方案（剩余利润的公式分配法），还是欧盟等市场国提出的《显著数字存在提案》和部分国家已经通过的数字服务税法案；不管是美国国内已经尝试过的目的地现金流量税，还是欧盟内部希望通过的统一企业所得税税基提案；不管是美国学者鲁文提出的基于销售目的地的全球利润分配法，还是税收正义者皮乔

---

① 销售目的地与用户所在地、消费者所在地、购买者所在地是在不同具体环境下的不同表述，但指向是相同的。本书根据具体情况分别使用，不做区分。

② 所得税分配与利润分配不同之处在于：所得税分配本质上是分配的以税法标准确定缴纳所得税部分的企业利润，利润分配则分配的是企业所有利润；共同之处在于所得税分配和利润分配本质上都是分配的企业的利润。本书不做特别说明情况下，所得税分配与利润分配不做区分，相互替代使用。

托提出的全球单一税制，都将销售纳入所得税分配，分配利润给销售目的地。

美国最高法院关于跨区域经营的销售税案例已经给数字经济下国际税收秩序改革提供了重要思路，也就是即使跨区域经营无实体存在也要在销售目的地纳税。这一点，所得税与销售税是相通的。从长远来看，数字经济下的国际税收秩序应该考虑销售目的地参与所得税分配。

（二）更加注重全球利润的全球统一分配

传统的企业所得税分配基本是一种本地利润本地分配的规则，例如，OECD范本中强调的是常设机构的利润在常设机构所在地分配；OECD提出的支柱一方案是在传统所得税分配基础上的剩余利润分配，强调金额B部分常规利润在常设机构所在地分配后，形成的剩余利润再进行分配。美国的边境调整税也是一种本地利润本地分配方案。在经济全球化时代，一个国家不可能很容易锁定跨国企业的本地利润，由此，本地利润本地分配方案面临的税基侵蚀也越来越严重。

与崇尚独立生产、独立交易、独立分配原则，实行本地利润本地分配模式相对应的是遵循统一生产、统一交易、统一分配原则，实行全球利润全球分配的模式，即全球范围内统一生产创造价值，全球范围内统一交易实现要素组合配置，最终全球范围内统一分配剩余价值；不管跨国企业在哪一区域经营，在该区域产生多少利润，最终关注的是跨国企业的全球利润，并以全球利润为基础在全球范围内分配利润或所得税。支柱一方案的剩余利润分配法是一种不彻底的全球分配方案，而美国学者鲁文和税收正义者皮乔托的建议，都指向了全球利润的全球分配，这是适应全球化生产的必然趋势。

无论是欧盟锲而不舍地推进 CCCTB 方案，还是美国、中国已经在推行的地方间所得税分享安排，都是一种统一联合的所得税分配机制。一定程度上来讲，大国经济效率高于分散的多国市场，一个重要原因在于其内部市场制度统一形成的制度优势。但是建立何种机制来保障全球利润的全球统一分配得到落实，是改革的关键所在。就欧盟作为一个区域性组织来讲，其内部推动统一企业所得税税基都存在很大挑战，何况全球如此多国家，相互的利益冲突更大，按传统方式来推进全球统一分配的阻力又会有多大？

（三）现金流量税制是可以考虑的改革方向

虽然美国尝试的边境调整税未能成功，但现金流量税制存在先进性，对于促进企业生产经营，推动经济发展，具有重要作用。但就数字经济来讲，现金流量税制不是数字经济对国际税收秩序改革的必然要求。数字经济下国际税收秩序改革主要应该突破的是谁有参与分配利润的权利,以何种方式来实现分配。现金流量税制相对于权责发生制税制,解决的是利润的计算方式问题。

(四)国际税收秩序的优化是一个长期竞争过程

不管是从 OECD 推动的国际税收秩序改革来看,还是从市场国、居民国的内部改革和国际谈判竞争来看,抑或是从专家学者提出国际税收改革建议的探索来看;不管是从欧盟内部国家间企业所得税制度优化来看,还是从美国国内各州间企业所得税分配制度看,抑或是从中国的企业所得税地区间分配改革进程来看,一个好的制度是在不断摸索中选择出来的,这是一个艰辛的、不断斗争的过程。

下篇 数字经济国际税收治理变革：GMUCS 的构建

一 解决问题的方法论

钱学森等认为社会系统是一个开放的特殊复杂巨系统[①]。全球经济运行及国际税收治理体系就是一个开放的特殊复杂巨系统。冯·贝塔朗菲认为考察各自孤立的部分是不能理解各级系统的，不能用近代科学都习惯的还原论的方法来解释系统，因此，整体论的方法或系统论的方法和跨学科性成为必备要素[②]。彼得·圣吉认为系统思考是观察整体的方式，用它来观察的是相互作用的关联方，而不是各自的独立面；用它来观察变化的模式，

[①] 钱学森，于景元，戴汝为.一个科学新领域——开放的复杂巨系统及其方法论[J].自然杂志，1990（1）.
[②] 〔美〕冯·贝塔朗菲.一般系统论——基础、发展和应用[M].林康义，魏宏森等译.北京：清华大学出版社，1987.

而不是静态的状态①。

同时，国际税收治理体系的设计可以看作一种经济机制设计。经济机制设计目的在于对于任意一个想要达到的既定目标，能否并且如何设计一个经济机制（即制定什么样的方式、法则、政策条令、资源配置等规则），使得经济活动中参与者的个人利益和设计者既定的目标一致，即每个人主观上追求个人利益时，客观上也同时达到机制设计的既定目标②。借助系统论和机制设计理论应对数字经济挑战的方法论要点如下。

（一）寻找数字经济和治理体系的要素、连接、功能或目标

任何一个系统都至少由要素、连接、功能或目标这三个要件构成。一般而言，内在连接和系统目标对系统至关重要，而要素在个别情况下能够导致连接和目标的改变。应对数字经济对国际税收秩序的挑战，应当分别从数字经济和国际税收治理体系的要素、连接、功能或目标这三个要件入手，并建立起两个系统的对应连接。

---

① 〔美〕彼得·圣吉.第五项修炼：学习型组织的艺术与实践[M].张成林译.北京：中信出版社，2018：77.
② 田国强.经济机制理论：信息效率与激励机制设计[J].经济学（季刊），2003（2）.

（二）促使治理体系中要素个体目标与整体目标一致

要实现系统的目标，必须照顾到系统中个体的利益，将两者的利益连接在一起。《孙子·谋攻》说"上下同欲者胜"，机制设计理论中的激励相容理论也强调个体理性与集体理性保持一致。无论是居民国与市场国的税收利益竞争，还是居民国、市场国与低税国的矛盾，都要充分借助个体的力量，形成广泛的利益共同体，来实现竞争的平衡。任何片面的、无个体参与的国家间协调税收分配，都不可能稳定、长久。

（三）优化系统内调节回路和增强回路

系统的反馈回路有两种类型，一是使系统具有恢复原有状态和适应力的调节反馈回路（Balancing Feedback Loop），二是使系统在既定路线上自我强化的增强反馈回路（Reinforcing Feedback Loop）。国际税收治理体系的改革思路，应该是考虑如何引入更多反馈调节回路，给予企业灵活调整空间，保证利益分配维持在一定范围，而不是囿于某国政府或国际组织给企业确定一个固定的利润分配公式。同时，优化增强回路以促进系统整体和各要素个体共同利益的增长，促进相关秩序的平衡。

(四)重塑治理体系信息结构

系统的信息结构是调整系统功能的一个高杠杆点,信息流的缺失必然导致系统功能不佳。增加或恢复信息是一个强有力的提升系统功能的方法,而且通常比重建系统的物理基础设施更为便捷。机制设计理论的信息有效性要求尽可能降低机制运行的信息成本。当前国际税收治理体系的信息结构还不能适应数字经济的要求,BEPS 第 5 项行动计划关注信息透明度、推动强制自发交换信息、报送转让定价文档资料,正是改变系统信息结构的积极举措。新的国际税收秩序需要在这方面有新的规划和应用。

(五)正确划定治理体系的边界

世界是普遍联系的,不存在孤立的系统,但要理解一件事情、解决一个问题,又必须将其简化,这就需要划定适当的边界。当一个问题在当前划定的边界内不容易解决时,可以扩大边界,引入新的要素,而不能停留在现有的边界内打转,用越来越复杂的解决方案应对越来越复杂的问题,最终导致无解的混沌局面。支柱一方案的三段利润分配机制很可能存在上述问题,导致应对数字经济的国际税收治理体系难以发挥作用。新的国际税收治理体系需要合理划定治理体系的边界,有效解决数字经济下面临的主要问题。

(六)协调运用好：惩罚、激励

系统规则是影响参与主体行为的规范。系统规则可分为内规则和外规则，前者是系统内部正常运行的规则，后者是维持系统整体运转的规则。外规则归根结底只有两种：负面惩罚和正向激励。惩罚比较直接，需要强制力量介入，总体运行成本较高；正向激励则润物无声，能够激发参与个体内心的动力，具有持久的力量，有利于社会系统整体高效运转。新的国际税收治理体系应以正面激励为主，负面惩罚为辅。

二 具体应对方案

针对数字经济特征，数字经济带来的居民国、市场国、低税国、跨国企业的矛盾，结合国际国内研究对策和实践启示，以系统论和机制设计理论为方法论，本书提出以广大要素持有者参与为基础，所得税抵扣为连接，企业自行计算分配、全球市场联合竞争、共建共享的国际单一税制税收治理体系（Global Market United and Competed System，GMUCS）（以下简称"全球市场联合竞争体系"）方案，或称为税基共建与利润共享（New-BEPS）方案。

（一）方案基本思路

在市场国向跨国数字企业征税带来跨国数字企业和居民国抵制的情况下，引入市场国用户参与分享税收，构建起市场国向跨国企业争取税收利益的实践基础，达成市场国与用户的统一战线，由市场国与用户一起向跨国数字企业争取税收利益，最终市场国与用户一起分享税收利益。

在跨国企业极力向低税国转移利润导致要素国向跨国企业征税难以奏效的情况下，引入资本要素持有者（股东）、劳动要素持有者（员工）等参与分享税收，构建起要素国向跨国企业争取税收利益的实践基础，达成要素国与要素持有者的统一战线，由要素国与要素持有者一起向跨国企业争取税收利益，最终要素国与要素持有者一起分享税收利益。

推而广之，GMUCS 方案基本思路为：本地政府引入本地跨国企业要素持有者参与分享税收，构建起本地政府向跨国（跨税收管辖区）企业争取税收利益的实践基础，达成本地政府与要素持有者的统一战线，由政府与要素持有者一起向跨国企业争取税收利益，最终政府与要素持有者一起分享税收利益。

（二）方案具体描述

1. I 型标准方案

I 型标准 GMUCS 方案对应于 OECD 双支柱方案的支柱一方案，主要解决跨区域经营无实体存在、无直接对价交易带来居民国与市场国税收利益冲突问题。

第一步：全球计算分配。①跨国企业自行选定某一国家（推荐选用居民国）或国际组织的会计准则和税法计算全球利润和应纳所得税额。②企业将计算得出的应纳所得税额按居民国规定的比例（比如法定税率的 20%~80%）保留给居民国后，自行按各类要素对剩余价值贡献大小分配给要素持有者（Factor Holder，简称为"H"，包括股东、员工、用户、客户、债权人等所有促进剩余价值实现的要素持有者）及其所在国——要素国。

第二步：数字申报缴款。①企业将财务报表、纳税申报表、所得税分配表、所得税分配规则、相关要素分布以及全球关联企业财务、纳税情况等信息以多国语言文本申报到全球税务组织（Global Tax Organization，GTO）信息系统，GTO 信息系统将企业申报信息自动转送至相关国家税务部门。②企业将申报信息及要素持有者分配所得税额等信息发送给要素持有者。③企业按要素持有者所在国归集，将记在要素持有者个人账户上的税款统一缴纳到要素国国库。

第三步：持有者抵扣竞争。①要素国税务机关与国库核对账款信息，确认跨国企业申报与入库一致。②要素持有者与税务机关核对账款信息，凭跨国公司代缴所得税按一定比例抵扣自己的个人所得税。③要素持有者对跨国企业为自己缴纳的所得税在不同企业间比较，形成对跨国企业分配所得税的竞争市场。

2. II 型修正方案

II 型修正 GMUCS 方案对应于 OECD 双支柱方案的支柱二方案，解决常设机构、关联企业存在情况下的大量无形资产交易带来的要素国（居民国与市场国）与低税国的税收利益冲突问题。

具体操作：在 I 型标准方案基础上增加一步，即跨国企业首先给常设机构和关联企业分配利润或应纳所得额，然后常设机构和关联企业再按 I 型标准方案进行分配、申报、缴税。若常设机构或关联企业下还有其他常设机构或关联企业，则继续套用 II 型修正方案。II 型修正方案是分配利润还是分配所得税额可以交给企业来选择，方便企业经营，降低纳税成本。本书推荐直接分配所得税额。

（三）方案具体运行

1. I 型标准方案的运行

运行环境：假设三个国家（税收管辖区）分别为 S1、

S2、S3，跨国数字平台企业 eP1 为 S1 国居民企业，其通过网络进行远程销售，并在全球招募员工和募集资本，在全球不同国家拥有要素持有者 H1、H2、H3（见图 4）。

具体运行：跨国数字平台企业 eP1 按居民国 S1 国会计准则和税法规定计算全球利润和应纳所得税额，将申报信息发送给 GTO 信息系统，并将申报信息和要素持有者个人分配所得税额等信息发送给要素持有者 H1、H2、H3，同时将税款缴纳到相关国家国库 Tr1、Tr2、Tr3，GTO 信息系统将申报信息自动转送相关国家税务部门 Ta1、Ta2、Ta3，相关国家税务部门 Ta1、Ta2、Ta3 与国库 Tr1、Tr2、Tr3 核对账款，要素持有者个人 H1、H2、H3 与税务机关 Ta1、Ta2、Ta3 核对申报纳税信息，并按一定比例抵扣个人所得税。

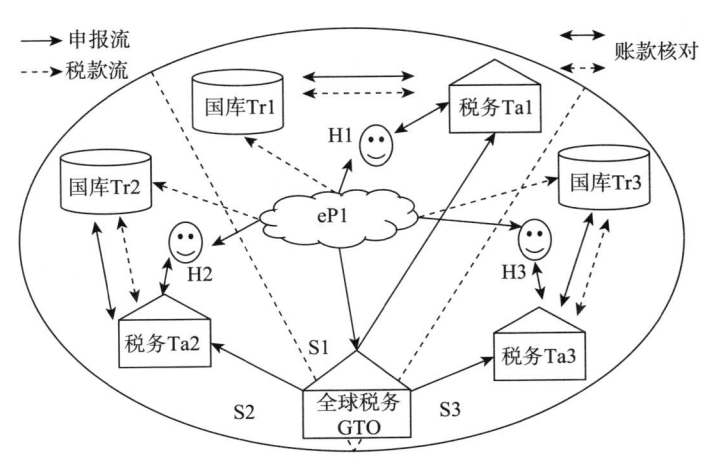

图 4　I 型标准 GMUCS 运行图

2. Ⅱ型修正方案运行

以Ⅰ型标准方案为基础，即跨国企业总部首先给常设机构和关联企业分配应纳所得税额，然后常设机构和关联企业再按Ⅰ型标准方案进行分配、申报、缴税。若常设机构或关联企业下还有其他常设机构或关联企业，则继续套用Ⅱ型修正方案。

（四）方案规则适用

从适用主体来说，Ⅰ型标准方案既适用于无实体存在的跨国企业，如图1（2）~1（3）中的网络平台企业eP1和图1（2）电子商务中的跨国企业BF1，也适用于无直接对价跨国企业经营模式，如图1（4）中的网络平台企业eP1；Ⅱ型修正方案适用于存在常设机构的跨国企业和关联企业，尤其适用于存在大量无形资产交易的数字化经营跨国企业，如图1（1）中跨国企业BF1。基于前文对经济产业的分类，GMUCS既适用于数字企业，也适用于半传统半数字企业，也适用于传统企业，都是在统一框架下进行企业所得税分配。传统企业所得税分配相对于数字企业所得税分配，所不同的是参与企业分配的要素持有者类型、数量的差异，在传统企业分配中可能主要分配给股东、劳动者等要素持有者，在数字企业分配中除了股东、劳动者等要素持有者，还存在大量的无偿参与用户、无偿购买用户以及有偿购买用户。

从要素及要素持有者参与分配来说,不仅包括用户参与价值分配,还可以包括内部员工和股东等要素持有者参与分配,根据实际情况不断拓展参与分配的要素持有者范围。其中,用户参与分配对应支柱一方案,主要解决无实体存在、无直接对价引起的居民国与市场国的矛盾;股东、内部员工和用户等参与分配对应支柱二方案,共同解决要素国(居民国和市场国)与低税国的矛盾。具体哪些要素参与分配,分配份额多大,在制度允许的情况下由市场竞争来决定。

从所得税抵扣主体来说,要素持有者可以是个人,抵扣个人所得税;也可以是企业,既包括传统企业,也包括数字企业,用以抵扣企业所得税;还可以是其他各类市场活动主体,用以抵扣自己需要缴纳的税款。只要相关市场主体为跨国企业做出了贡献,能够从跨国企业分得所得税,都可以纳入抵扣范围。具体哪些主体参与所得税抵扣,抵扣多少,由市场竞争来决定。为便于理解,突出主要矛盾,本书将要素持有者描述为个人,但同样适用于企业以及其他市场主体。

从计算应纳所得税额的规则来说,建议由企业自行选定某一国家或国际组织(推荐选用居民国)的会计准则和税法来计算全球利润和应纳所得税额,因此,根据相关国家的规定,传统的权责发生制以及现金流量税制都可能用来计算利润。尽管笔者认为现金流量税制是促进企业发展的更好选择,但到底选用哪种方式,可以在企业选择不同国家经营选址的市场竞争中不断探索。

从适用空间来说,既可以适用于当前矛盾比较突出的国际所得税治理分配,也可以适用于国内不同区域之间的所得税分配,两者道理相同。

(五)分配参数生成机制——市场竞争

1.居民国企业所得税法定税率的保留比例

一个国家的企业所得税法定税率一般都是给定的,例如,我国的法定税率为25%。但居民国要求跨国企业在法定税率基准上多少份额在居民国缴纳,多少份额分配给相关要素持有者及其所在国,将是一个市场竞争的、不断调整的过程,而不是固定不变的。因为给要素持有者更多享有份额有利于企业取得要素持有者的支持,进而有利于扩张。但刚开始GMUCS方案则可以考虑保留较高税率,例如,保留比例为90%,在后面竞争中,不断降低保留比例。保留比例可以对应于双支柱方案支柱一方案的正常利润部分的所得税,而保留比例之外的部分则形成剩余利润对应的所得税。在GMUCS方案全面推开成熟时,有可能居民国只设定自己的保留税率,而不是设定法定税率,企业要对要素持有者分配多少则完全交由企业来自行决定。

2. 跨国企业所得税在各要素之间的分配比例

保留一定比例的所得税之外，剩余所得税如何在各要素及其要素持有者之间分配，这是一个市场竞争、不断调整的过程。跨国企业只有对各种要素的价值给予合理的回报，不同要素各自实现其价值，取得相应回报才能实现企业的健康稳定发展。

3. 要素国对用户个人所得税的抵扣比例

跨国企业将分配给要素持有者的所得税直接缴入要素持有者所在国国库，要素持有者到底能够抵扣多少比例的个人所得税，这也应该是一个市场竞争、不断调整的过程。由于要素持有者个人可抵扣比例越大，享受的红利越多，因此，要素持有者会趋向抵扣比例高的国家或地区。另外，较高的抵扣比例可能预示着本地政府取得用以公共服务的支出能力下降，公共服务供给数量和质量下降。由此，形成个人与地方政府之间的竞争，最终，在享受政府公共服务与可抵扣比例之间形成一个动态平衡。

（六）所得税抵扣连接的替代方式

所得税抵扣连接的本质作用是，在税务部门掌握的系统范围内建立起要素持有者参与跨国企业税收竞争的动力。如果要素持有者不存在缴纳个人所得税的义务，则替代方式有：一是可以考虑直接给要素持有者按抵扣比例分享税款，例如，跨国企业给要素持有者所在要素国分配 10 单位税款，则可以按抵扣比例与要素持有者分享 6 单位或 8 单位税款，形成要素持有者收入；二是考虑直接给予要素持有者相应的公共服务，让其得到实惠、满意。从根源上来讲，所得税抵扣连接及其替代方式就是要促进个人有申报纳税的动力，有参与跨国企业税收竞争的动力，其根本目的在于加强个人缴纳所得税与公共服务的连接。

三　GMUCS 理论基础

（一）剩余价值的分配：价值创造、价值实现

不管是 OECD 的支柱一方案剩余利润分配法，还是目的地现金流量税，不管是欧盟希望推出的统一企业所得税税基和《显著数字存在提案》，还是美国学者鲁文和税收正义者分别建议的单一税制，都引入了销售目的地参与税收分配的因素。GMUCS 也将购买者、无偿参与用户作为重要的税收分配者之一，但是他们如何参与分配，其理论基础仍需要进一步说明。

用政治经济学来解释，企业所得税是对劳动创造的剩余价值征税；用税法、会计实务知识来解释，企业所

得税是对企业的利润征税。剩余价值和利润在本质上是相通的。

从剩余价值来看，首先要有价值创造，而价值创造离不开企业内部各要素的协调参与，例如劳动、资本；价值创造出来要成为剩余价值，即价值的实现则必须要有购买者的购买，这也就是实现剩余价值的市场价值。[①]马克思称：商品价值从商品体跳到金体上……是商品的惊险的跳跃。这个跳跃如果不成功，摔坏的不是商品，但一定是商品所有者。[②]因此，在市场经济中的剩余价值分配，企业内部参与价值创造的要素和企业外部促进价值实现的要素都有做出贡献，员工、股东、购买者都有分配剩余价值的理论基础。从企业利润实现的供求关系来看，佩吉·B.马思格雷夫认为利润是通过供求的相互作用产生的，这种作用就如"马歇尔剪刀"（the Marshallian Scissors）两刀锋之间的相互作用。[③]因此，剩余价值（利润）要在产品价值创造地和使用产品的消费地两个区域之间进行分配。价值创造参与者包括有偿参与用户和无偿参与用户，这些用户及

[①] 姜跃生. BEPS 的价值创造论与中国全球价值分配的合理化 [J]. 国际税收，2014（12）.
[②] 马克思恩格斯全集（第二十三卷）[M]. 北京：人民出版社，1972：124.
[③] 〔美〕佩吉·B. 马斯格雷夫. 美国州公司所得税税基分配原则 [J]. 白彦锋，王法忠译. 经济社会体制比较.2007（2）.

其所在国都有权参与分享利润,①价值实现购买者包括有偿购买用户和无偿购买用户,他们及其所在国也都有权利参与分享利润。②价值创造参与者和价值实现购买者都是应该参与剩余价值分配的要素持有者。要素持有者及其所在国都有权利参与分享利润。

  关于企业所得税的传统观点认为,企业所得税是对生产者(企业)创造的价值征税,价值创造与购买者无关。该理论的缺陷在于没有深刻认识到企业所得税是对生产者实现的剩余价值征税,而生产者要实现剩余价值,则必然离不开购买者的参与。既然购买者有参与剩余价值的实现,当然有参与剩余价值分配的权利,相应的购买者所在地政府也有分享剩余价值的权利。对此一些人还是存在疑问,认为在交易过程中,购买者支付货币,各取所得,如何还要分享生产者的剩余价值?我们认为,这里的剩余价值虽然与单次交易的收入减成本密切相关,但并不是单次

---

① 这里企业价值创造的有偿参与用户和无偿参与用户是广义的参与用户,与此相对应,前述数字经济网络平台企业中的参与用户则是狭义参与用户。不做特别说明,本书中参与用户与前述保持一致,均指网络平台企业的狭义参与用户。

② 这里企业价值实现的有偿购买用户和无偿购买用户是广义的购买用户,与此相对应,前述数字经济网络平台企业中的购买用户则是狭义的购买用户。不做特别说明,本书中参与用户与前述保持一致,均指网络平台企业的狭义购买用户。

交易中计算结转的利润，对于一个正常经营的企业来讲，也不可能锁定每次交易的剩余价值，而是一定时期内生产者的经营剩余。在一定时期内，正是购买者的一次次购入支撑了生产者的再生产循环，形成了源源不断的剩余价值。所以，剩余价值是生产者创造并由购买者实现的，两者都有分享剩余价值的权利。

从价值创造来看，政府既可以看作价值创造的生产者，也可以看作价值创造的利益相关者；从价值实现来看，政府既可以看作价值实现的外部推动者，也可以看作价值实现的利益相关者。无论如何看待政府在价值创造和价值实现中的作用，不管是价值创造的要素持有者所在地政府，还是价值实现的要素持有者所在地政府，都有权利参与剩余价值的分享。

除了直接参与价值创造的内部要素和促进价值实现的外部要素，利益相关者及其所在国为企业价值创造和价值实现提供了有利条件，企业的经营成果离不开利益相关者的贡献。在技术可行的条件下，利益相关者及其所在国也应适当分享利润，这也体现了"税基共建与利润共享"的命运共同体理念。

传统经济税收秩序分配规则下，劳动者所得基本以薪酬成本的形式出现，购买者的贡献仅在促销中偶尔以返利的形式呈现，资本所得主要以分红股利的形式享有利润，政府则以税收的形式取得利润。GMUCS 与支柱一方案将无偿参与用户和有偿购买用户两类用户所在国纳入分配范围，增加让所有促进剩余价值实现的要素持有者及其所在国参与剩余价值分配，并由此构成 GMUCS 竞争运转的动力。

（二）利润分享的顺序：事后分享比事先分享更合理

合乎经济规律的所得税课税原则应该是对企业一段时期内的整体经营成果课税，相关国家与跨国企业形成"同甘共苦"的利益共同体，事后分享税收，而不是关注企业内部的每次交易，事先锁定企业的利润，以此为依据分享税收。GMUCS 作为一种全球单一税制，与美国学者鲁文和税收正义者皮乔托的单一税制，与欧盟拟推行的统一企业所得税税基、美国和中国已经运行的企业所得税跨区域分配制度，在本质上都有相同之处，不关注单次交易价格，只关注最后的利润分配。这与 OECD 范本秩序关注每次交易价格、事先锁定利润、防止税基侵蚀与利润转移是不同的。OECD 范本秩序强调独立交易原则，是一种本地利润本地分配模式，跨国企业每一次交易都必须按独立交易原则来考虑，都要求事先锁定交易价格，确定利润，分享税收，本质上成为一种事先分享所得税模式。

在有形资产交易时代，有形资产的价格相对透明且波动不会很大，这样对企业营业利润影响也不大。当无形资产成为企业间重要交易标的物时，无形资产定价难问题直接触发了后续利润的计量和分配问题。无形资产的价值更依赖于使用人的使用方式、使用规模，成本具有虚拟性，因此，对于无形资产很难估值，试图在跨国企业每笔无形资产交易时锁定其交易价格，进而锁定企业的利润，并依此征税，是不合乎经济规律的，也是不现实的。

从个人与数字企业互动的角度来看，传统经济税收分配秩序下，不管是作为生产者获得工资，还是作为消费者支付购买价款，都是事先锁定每次交易的价格，政府按交易价格来征收个人所得税或者预提所得税，因此，用户个人所在的居民国政府事先享有了利润。

在无直接交易对价的产消者面前，用户个人所在的居民国事先享有利润的模式行不通，没有了征税的前提条件，不管是生产者还是消费者都没有获得直接对价或支付直接对价，由此则开启了用户个人居民国事后分享利润的通道。用户个人居民国不再关注个人与数字企业平台之间是否支付对价，对价支付多少，但通过一定机制来保证事后所得的分享。

（三）利润分配的方式：市场竞争比政府管制更有效

美国和中国已经运行的跨区域税收分享机制，都依赖于一个中央协调机构。欧盟拟推动的统一企业所得税税基因缺乏权威机构协调而难以推进。OECD 支柱一方案推行的剩余利润公式分配法，以及美国学者鲁文和税收正义者皮乔托的全球利润全球分配单一税制，依靠何种力量来推进、维持，是利润分配法运行的难题。GMUCS 不是用政府间确定的规则来指导企业的利润分配，而是搭建市场竞争的平台，让企业自行在各要素持有者之间合理分配。

利润在各个要素之间要不要分配，要分配多少，这不是一个公式、算法问题，而是一个实践结果，它不可能通过政府计划来实现，而是市场竞争的结果。整个资本主义的发展史证明，市场竞争分配比政府管制分配更有效。亚当·斯密 200 多年前在《国富论》中就提出：每个人在追求自身利益时，市场这只"看不见的手"就会发挥作用实现社会福利的最大化。

伍山林根据我国制度环境构建了一个包含劳动力异质性和企业异质性的模型来考察劳动收入份额的决定机制，发现劳动者参与利润分享可提高劳动收入份额，同时，在一定规则和条件下，让企业自主选择改革和分享比例，将产生劳动者、雇主、政府三方共赢的格局。[①] 丹

---

① 伍山林. 劳动收入份额决定机制：一个微观模型 [J]. 经济研究，2011（9）.

尼尔·F.史普博（Daniel Spulber）则认为政府管制的重点应该放在那些能使市场得以运行的规则上，借助市场配置机制或直接依赖市场竞争来实现政策的目标。[①] 杜创利用不完美公共监督重复博弈模型说明市场竞争中的声誉机制可以降低厂商的道德风险，进而提供高质量的服务和回报[②]。

（四）市场竞争的基础：要素持有者的广泛参与

GMUCS 引入市场竞争机制来分配税收利益，必须符合市场竞争机制的规则。市场进行资源配置涉及三个系统：一是进入市场的要素，二是一定产权制度约束下的要素供给者和需求者，三是市场秩序。[③] 市场竞争的基础在于大量要素持有者的广泛参与。没有广泛的市场参与者，市场就不可能是有效市场。

诺贝尔物理学奖获得者埃尔温·薛定谔认为物理和物理化学的定律并不是千真万确的，总是存在与研究主体数

[①] 〔美〕丹尼尔·F.史普博.管制与市场[M].余晖，何帆，钱家骏等译.上海：格致出版社，2017.
[②] 杜创.声誉、市场竞争与管制：高质量发展的微观激励机制研究[M].北京：中国社会科学出版社，2019.
[③] 洪银兴.完善产权制度和要素市场化配置机制研究[J].中国工业经济，2018（6）.

量 n 有关的相对误差，相对误差的范围在 $1/\sqrt{n}$ 内。[①]与主体数量具有等价效用的则是次数上的增加趋向于理论期望值的"大数定律"。这两个定律同样适用于市场的有效性。

GMUCS 构建的市场系统中，进入市场的要素则是要素持有者持有的促进企业剩余价值实现的要素，和企业的利润相关的参与者则是要素持有者和企业。要素持有者投入各类要素进行生产并实现剩余价值，大量的要素持有者个人（包括实际参与者、潜在参与者）作为引领跨国企业缴纳所得税的竞争主体，市场作用将得到充分发挥。任何企业要经营好，必须对要素持有者予以应得的回报，否则要素持有者可以"用脚投票"，选择更友好的企业合作。广大要素持有者将与政府共同竞争税收利益，形成跨国企业调整税收利益分配的原动力。

（五）要素持有者参与的动力：企业所得税与个人所得税的抵扣连接

GMUCS 引入市场竞争，但竞争必须有原动力。不管是西方经济学中原始的"理性经济人"假设，还是当前学者提出的"有限理性人"假设，对一般人来讲都是在限定

[①]〔奥〕埃尔温·薛定谔.生命是什么[M].吉宗祥译.广州：世界图书出版公司，2016.

条件下追求自身利益的最大化。《史记·货殖列传》中有云："至若《诗》《书》所述虞、夏以来，耳目欲极声色之好，口欲穷刍豢之味，身安逸乐"，即喜欢物质享受和精神享受是人的天性。周其仁认为20世纪80年代我国的农村改革能够取得成功关键在于给农民赋权，改变资源利用的产权形式。① 洪银兴认为财产权利的激励是最为重要的激励。②

人们总是注重利益实惠的。要素持有者在剩余价值分配过程中必须获得回报，才会关心跨国企业税收分配问题。包括各类用户在内的要素持有者除了取得常规的回报之外，GMUCS方案允许跨国企业将应纳所得税额分配给要素持有者并缴纳到要素持有者所在国国库，并将该税款记在要素持有者账户上，要素持有者可以按一定比例用于抵扣自己的个人所得税。如上所述，所得税抵扣连接之外，还可以考虑直接与要素持有者分享收入，或给要素持有者提供相应公共服务。这就会给要素持有者带来激励，要素持有者将与当地政府一起参与对跨国企业的税收竞争，有效监督跨国企业的税收分配。

---

① 周其仁.中国农村改革：国家和所有权关系的变化（上）———一个经济制度变迁史的回顾[J].管理世界，1995（3）.
② 洪银兴.完善产权制度和要素市场化配置机制研究[J].中国工业经济，2018（6）.

(六）个人享有的最终回报：要素持有者与要素国地方政府间的竞争

跨国企业给要素持有者及其所在国分配了所得税，但要素持有者应该分享多少，要素国政府应该分享多少，与跨国企业对要素持有者及其所在国的分配一样，这不是通过任何算法得出的，而是市场竞争实践不断调整的结果。

GMUCS 方案实施初期，政府可以设定一个要素持有者抵扣比例，用以抵扣个人所得税或分享收入。但随着 GMUCS 方案实践的深入，地方政府就会展开激烈的市场竞争，达到相对合理的抵扣比例。因为要素持有者不但在跨国企业的合作互动之间可以"用脚投票"来取得合理的报酬，要素持有者在居住地的选择上同样存在"用脚投票"，以相对低的价格来获取更好的公共服务，这是要素持有者纳税的最基本逻辑。正如产权经济学家科斯所阐释的，初始的产权配置给谁不重要，只要有自由交易的市场（产权交易成本为零），资源配置将会达到最优的状态。[①] 在要素持有者与政府之间的分享比例上，初始设定值并不重要，只要有要素持有者自由流动的市场（人口流动成本为零），该分享比例终会达到合理的水平。

[①] 沈满洪，何灵巧. 外部性的分类及外部性理论的演化 [J]. 浙江大学学报（人文社会科学版），2002（1）.

现实中不管是市场交易成本，还是人口流动成本都不可能为零，但是相关参与者追求更好生活和更优状态的趋势是确定的。要素持有者会在享受的公共服务和对应的抵扣比例之间做出权衡，在可选择的地方政府中做出选择，由此，要素持有者与要素国地方政府展开竞争，从而实现要素持有者最终的市场回报。

四 GMUCS 特征与发展

GMUCS 是在当前 OECD 范本秩序、转让定价规则、OECD 双支柱方案、UN 范本改进对策、市场国和居民国的应对方案、国内外专家建议以及欧盟、美国、中国等经济税收秩序实践基础上的继承和发展，也吸收了相关方案的优点，并解决了以上方案中存在的疑难问题。下面主要以 OECD 范本秩序为比较，分析 GMUCS 的特征与发展。

（一）税收分配模式：从本地利润本地分配到全球利润全球分配

OECD 范本秩序崇尚独立生产、独立交易、独立分配原则，是本地利润本地分配模式，即通过转让定价先锁定本地常设机构的利润，再以本地税法要求分配该常设机构的利润，或纳税，或与要素持有者分享利润。美国的边境调整税尝试也是一种本地利润本地分配方案。欧盟拟推动的《显著数字存在提案》还是停留在常设机构概念上，强调本地利润本地分配。UN范本改进建议也是基于本地利润本地分配模式。但在全球化大生产时代，一个国家不可能很容易锁定跨国企业的本地利润，由此，本地利润本地分配方案面临的税基侵蚀也越来越严重。

美国和中国已经实行的所得税分配模式，以及欧盟拟推进的统一企业所得税税基是一定区域范围内的统一分配法，不考虑区域内常设机构的内部交易和利润问题，对企业在该区域内的全部利润按一定公式进行统一分配。OECD提出的支柱一方案是在传统所得税分配基础上的剩余利润分配，强调金额B部分常规利润在常设机构所在地分配后，形成的剩余利润在全球按公式法进行分配。美国学者鲁文和税收正义者皮乔托的建议都指向了全球利润的全球分配。

GMUCS与美国学者鲁文和税收正义者皮乔托的建议基本相同，崇尚统一生产、统一交易、统一分配原则，是一种彻底的全球利润全球分配模式。跨国企业在统一计算全球利润的基础上，按选择的税法计算所得税，在全球范围内给要素持有者统一分配所得税。由此，GMUCS避开了无实体存在、无直接对价、无形资产参与交易的问题，适应全球化生产的要求。

（二）税收分享主体和方式：从国家间寡头协调到多元主体市场竞争分配

OECD 范本关注的主要是居民国和来源国（市场国）两者之间的税收利益关系，通过国家间寡头式的协商来调整利益；UN 范本改进对策以及以欧盟为代表的市场国试图引入的《显著数字存在提案》还是延续 OECD 范本模式，不同在于 UN 范本改进对策是以特定服务作为预提所得税，《显著数字存在提案》是以特定行为作为一种特殊常设机构。法国等国推出的数字服务税直接转变为营业税模式，美国边境调整税试图从销售方入手、跳过利润转移问题，两者的思路是不想与其他国家进行协调，但事实上都不得不与其他国家协调。欧盟内部试图引入的统一企业所得税税基方案、美国国内和中国国内不同地区间所得税分享基本是一种固定公式的分配机制，未考虑市场竞争因素，也未考虑数字经济下用户参与等因素的税收利益分配。美国国内跨州远程销售缴纳销售税则是数字经济下的销售税的变革，考虑了远程有偿购买用户所在地政府多元主体的税收利益分配，但还未引入所得税分配机制。双支柱方案也强调多方参与，从双方国家间协调到多个国家间协调，但还是限于国家间相互协商谈判。美国学者鲁文和税收正义者皮乔托分别建议的单一税制也是多国协调，但在各个要素间如何确定分配公式将是最大的难题。

GMUCS 则将跨国企业、要素持有者等引入协调竞争市场，①跨国企业自行根据各要素对剩余价值的贡献对各要素持有者和要素国分配税收，在竞争中妥善解决多元主体的利益分配问题，由此解决 OECD 双支柱方案中涉及的政府主导税收利益分配难以实现的问题以及争议解决机制低效率的问题。

（三）征税权秩序：从事先定价享有到事后竞争享有

OECD 范本规定市场国对来源于本地的营业利润享有优先征税权，对不符合独立交易原则的跨国企业内部交易进行转让定价调整；居民国对跨国企业营业利润是最终征税权，为了维护自己的税收利益，也不断发起转让定价调整。转让定价调整遵从的是事先定价享有利润机制。《显著数字存在提案》模式下，如何事先锁定显著数字存在的利润是个难题。美国和中国国内不同地区间的所得税分享安排和欧盟拟推行的统一企业所得税税基，则不考虑内部交

---

① 跨国企业在 OECD 范本秩序下就有参与，不过其中的主角是两个国家之间的协议，跨国企业在协议中处于被动地位。在 GMUCS 方案下，跨国企业自行计算利润，分配所得税，与各要素持有者、要素国互动，接受市场竞争监督，成为该体系的重要参与者、积极参与者，而不是无足轻重的参与者、被动参与者。

易的定价问题，基本按固定的公式在区域间分享，是一种事后分享机制。支柱一方案的金额 B 部分继续按现行独立交易原则执行，即市场国享有优先征税权，金额 A 部分按全球公式法向市场国分配，则是一种事后分享机制。美国在推进目的地现金流量税制的边境调整税，也是期望避开跨国公司转让定价带来的利润转移问题，但其副作用很大，以至于未被采纳推行。美国学者鲁文和税收正义者皮乔托分别建议的单一税制，也是事后享有机制，不再考虑中间交易过程中的价格问题，但如何确定分配公式也是其中的难题。

GMUCS 则不关注交易价格的独立性原则，不试图事先锁定各自利润，不考虑设定分配公式，而是待跨国企业经营取得成果后建议居民国（这里主要是指数字经济发达国家和低税国）保留部分所得税的同时让渡部分所得税，使得各要素国在市场竞争中享有所得税。因市场竞争压力，居民国会不断调低保留税率，最终要素国与居民国竞争分享全部所得税。因此，GMUCS 可以很大程度上解决支柱一方案中涉及的分配规则问题，解决单一税制的运行动力问题。跨国企业选择什么会计规则和税法标准不再重要，重要的是各国能够通过市场竞争事后享有税收收益，最终居民国、市场国的税收管辖权趋于统一。

从促进企业剩余价值实现的要素持有者来讲，企业事先锁定与要素持有者较高交易对价不利于企业成长，因此，企业一般会考虑事先安排低交易对价，而在年终给要素持有者各种回馈，这本质上是运用了一种事先分享和事后分享相结合的经营方式，不过在会计核算形式上，除资本要素持有者的利润分享是税后分享外，其他要素持有者的分享基本列入了成本，表现为税前分享。GMUCS 方案允许各方以税收形式参与利润分享，开辟了事后分享的新通道，也展开了要素持有者之间的税收竞争。由此，数字经济下独立性原则从 OECD 范本的机构间的交易价格转变为要素持有者个体的税收利益分配，成为新的稳定锚。

（四）税收参与分享方式：从"先分后税"到"先税后分"

OECD 范本规定市场国对营业利润征税，其享有税收利益的基础是利润，根据本国的税法来确定税收，是一种先分配利润再确定税收的机制。OECD 范本对受雇所得个人所得税的规定，也是一种先确定所得，自行计算纳税的方式。两者都是"先分后税"模式。美国和中国国内地区间税收分享机制是一种按固定公式在地区间分配利润后在各地计算纳税的方式。支柱一方案不管金额 A 部分还是金额 B 部分，都是先分配利润，而后再计算纳税的模式。美国学者鲁文和税收正义者皮乔托分别建议的单一税制，也是建议在不同国家间分配企业的利润。先分配利润再分别依据各地税法来纳税的模式给企业的生产经营带来更大成本，不利于跨国企业的全球生产布局，不利于跨国企业给各要素持有者准确分配报酬。

GMUCS 从方便纳税人、公平税负的角度考虑，建议直接分享税收，跨国企业按选定的规则计算利润和所得税，统一在全球范围内分配所得税，是一种"先税后分"模式。由此，可以解决双支柱方案中涉及的在分配规则中分配什么的问题，全球各要素持有者同等享受税收收益，避免国家间税率差异带来各种不公平和不便利。由此，从 OECD 范本秩序的所属区域利润独立分割征税进入到全球市场联合竞争分配纳税，有效避免双重纳税、双重不纳税。至于一些要素持有者所在国政府打算给其要素持有者让渡更多利益，可以在所得税抵扣比例环节来考虑，由此可以展开要素持有者所在国之间、要素持有者所在国与要素持有者之间另一层面的竞争。

（五）课税主体：从对常设机构征税到引入要素持有者征税

对于常设机构，OECD 范本强调有实体存在形成常设机构的营业利润才能构成市场国的税收管辖权。美国和中国国内地区间所得税分享机制还是建立在分支机构的基础上。欧盟的《显著数字存在提案》试图沿着常设机构路径推进。美国尝试推出的边境调整税和法国等国推行的数字服务税也是锁定常设机构为征税实体。常设机构的本地利润归属与全球化生产之间的矛盾难以消除。支柱一方案在保持对常设机构征税（金额 B 部分）的基础上，引入对无偿参与用户和有偿购买用户所在国的全球公式法税收分配。美国学者鲁文和税收正义者皮乔托分别建议的单一税制是一种全球利润的全球公式分配法。但公式法分配的难题在于确定公式。GMUCS 继续秉承国际征税权的经济关联原则，还是对常设机构征税，但不再注重常设机构的识别，而是另辟蹊径，引入要素持有者，直接将征税主体关联到要素持有者身上，引入要素持有者对跨国企业的竞争基础，实现对跨国企业和要素持有者征税，从而破解公式分配的难题。

从 OECD 范本对常设机构的定义来看，GMUCS 将要素持有者作为征税对象，不过是对 OECD 范本第五条第六款代理人作为常设机构条件的放松。OECD 范本第五条第六款认为"仅通过经纪人、一般佣金代理人或者任何其他独立地位代理人在缔约国一方进行营业，只要这些代理人是按其营业常规进行活动，不应认为这个企业在该国设有常设机构"。在 GMUCS 方案中，要素持有者可以看作跨国企业在本地的经纪人，形成一种新型常设机构。

关联企业作为一种特殊的常设机构，OECD 范本强调关联企业之间的交易遵从独立交易原则，否则关联企业所在地税务机关可能对其采取转让定价调整措施。在 II 型 GMUCS 方案中，关联企业继续存在，对其征税不存在困难，但对于关联企业间的交易独立性问题，是否征收到足额税款问题，则需要通过要素持有者的竞争来实现，由此解决要素持有国与低税国之间的矛盾。从发展的观点看，II 型 GMUCS 方案不过是转让定价规则中利润分割法的市场化竞争方案，利润分割法依靠的是事先设定的分割因子，II 型 GMUCS 方案依靠的则是常设机构背后的要素持有者利益竞争。

不管数字经济如何发展，物理存在如何消亡，要素持有者始终存在，其对税收利益的竞争构成了市场国、要素国税收利益实现的微观基础，从而稳定了数字经济下国际税收秩序，同时也解决了双支柱方案仅对国家分配税收而忽略个人利益的不公平问题。由此，数字经济下的个体存在将替代传统经济下的常设机构，成为经济关联原则新的标志物。

（六）税收分享地：从生产地到包括购买者所在地在内的利益相关者所在地

OECD 范本秩序是生产地分享企业利润，销售目的地无权分享企业利润。美国和中国的国内地区间所得税分享机制也只是以生产地相关要素（例如资产、就业人数、工资、营业收入等）为基础进行分配。但随着数字经济的发展，人们开始意识到购买者所在地政府（销售目的地、市场国）也应该参与企业利润分享。OECD 的支柱一方案、UN 范本的改进对策、欧盟的《显著数字存在提案》、法国等国家推进的数字服务税、欧盟拟推动的统一企业所得税税基以及美国尝试的边境调整税、美国学者鲁文以及税收正义者皮乔托分别提出的全球单一税制，都强调了引入销售目的地作为税收分配因素。

GMUCS 认为购买者是企业剩余价值实现的重要外部因素，购买者所在地政府为企业剩余价值的实现做出了重要贡献。因此，购买者所在地政府有权利参与企业剩余价值的分享。同时，GMUCS 方案认为与企业实现剩余价值相关的各利益相关者及其所在地政府，都有获取剩余价值、分享利润的权利。具体哪些利益相关者所在地政府能够分享到税收，分享到多少税收，则取决于利益相关者及其所在地政府在企业中的贡献多寡。

（七）要素持有者回报方式：从交易对价和分享利润转变为分享税收

当前的经济成果分配规则下，企业的内部要素持有者和外部要素持有者以不同方式取得回报，劳动者受雇所得以交易对价形式取得回报，债权人以资金利息的形式取得回报，客户（包括上游客户和下游客户）为企业生产提供支撑或购买产品形成剩余价值以交易对价和返利形式获得回报，股东出让资本使用权以分红股利形式分享利润，政府以税收形式分享利润。OECD 范本秩序、OECD 双支柱方案、欧盟尝试推行的《显著数字存在提案》和统一企业所得税税基，美国试图引入的边境调整税，美国学者鲁文和税收正义者皮乔托分别建议的全球单一税制，都是在传统的经济成果分配规则之下实现分配。

在 GMUCS 方案中，政府将税收与各要素持有者共享，劳动者、上游客户、下游客户（有偿购买用户、无偿购买用户）、用户（有偿参与用户、无偿参与用户）、股东、债权人等都可以以税收形式参与剩余价值的分享，增加了新的回报渠道，这是传统经济成果分配中不曾出现的形式。基于此，相关要素持有者才更关心企业的税收分配，但不管跨国企业的税收如何在各要素持有者之间分配，最终都是政府的税收。由此回应了支柱一方案对要素持有者的不公平对待问题，实现了报酬的公平性原则。由此，全体要素持有者一致参与跨国企业的利润分配，顺利实现国家的税收收入，解决了双支柱方案下政府欲取得税收却无法满足多方要求的困境。

（八）申报方式：从区域独立申报多头纳税到全球联合申报统一纳税

OECD 范本规定常设机构视同独立企业做纳税申报，关联企业作为市场国注册企业更要对自己的营业利润做独立纳税申报。同时，居民国、市场国为了确认自己税收利益未受到损失，设计了各种机制来全方位获得跨国企业经营信息，加强征管互助，例如，信息情报交换机制、国别税收报告、同期资料报送、征管互助公约、BEPS 公约等。美国和中国的国内地区间税收分享机制也要求企业在各自区域独立申报。支柱一方案还是停留在分配利润后各自申报阶段，未充分利用信息通信技术的发展成果。

GMUCS 建议企业在按选定规则计算出利润和所得税后，以多国语言文本形式向 GTO 信息系统申报，GTO 信息系统自动转发至相应国家税务部门。以多国语言文本通过 GTO 信息系统申报，既保证各国的税务权利，还能够保证程序的透明和公平，也方便了企业。由此，在具体落实手段上保障了全球市场联合申报统一纳税的实现，避免企业多头申报纳税。

（九）监督机制：从政府单方面税务检查到社会公众全方位监督

OECD 范本规则下促进跨国企业纳税遵从的基本是税

务部门单方面检查、转让定价调整等。BEPS 行动计划实施以来，为保证 BEPS 行动计划最低标准的落实，还组织了政府间同行审议（Peer Review），对各国有针对性地监督。美国和中国国内地区间的所得税分享机制在地方税务部门展开企业税务检查的基础上，也采取了必要的全国范围内联合检查措施。双支柱方案基本局限于国家税务机关的税务检查，不管支柱一方案的分配是否合理或者支柱二方案最低税率是否落实，都需要税务部门的检查。美国学者鲁文和税收正义者皮乔托分别建议的全球单一税制，在没有微观基础参与的情况下，主要的制约力量还是各国的税务部门。

GMUCS 则试图建立完善的社会公众监督系统，跨国企业将申报信息和要素持有者个人的分配所得税额信息发给要素持有者个人，包括用户在内的全球要素持有者在关注自身利益的同时实现对跨国企业纳税遵从的全方位、多维度监督，这也是税收市场竞争机制得到有效执行的条件。在这种状态下，各国税务机关只需在其中协调辅助和传递、披露相关信息即可，整个系统可实现在没有政府管制条件下系统正常自运行，非必要无须干预。

（十）治理理念：从避免双重征税、双重不征税到税基共建与利润共享

OECD 范本规则旨在协调独立交易原则下避免双重征

税。BEPS行动计划前期旨在打击全球避税，与此相关的支柱二方案建议设立全球最低税率标准，解决数字经济下跨国企业全球利润转移避免双重不征税的问题。支柱一方案主要在于解决数字经济下的居民国与市场国利润分享问题。欧盟拟推行的CCCTB和美国、中国国内地区间税收分享机制则是一种在给定范围内固定公式的分配机制，做到了利润分享，也避免了双重征税和双重不征税。美国学者鲁文和税收正义者皮乔托分别建议的全球单一税制可以避免双重征税，但税基共建与利润共享的微观基础不存在，只是一种零和博弈的国家间竞争。

GMUCS在认可全球统一生产、统一交易、统一分配机制基础上，引入要素持有者广泛参与的全球市场竞争机制，用要素持有者对税收利益的市场竞争来解决双重不征税，用全球统一分配来解决双重征税，用要素持有者与跨国企业、要素国的利益共同体来实现税基共建与利润共享。

五 GMUCS行动

（一）推进主体及其方式

GMUCS的实现可以由不同主体用不同方式来推进。一是国际组织在全球协调推进，例如，OECD、G20、联合国财政税务委员会，或是三家联合成立的全球税务组织（GTO）来共同推进。二是区域性国际组织在区域内协调推进，例如，欧盟、区域全面经济伙伴关系协定（RCEP）、"一带一路"税收征管合作机制（BRITCOM）等。三是由市场国发起推进，例如，以法国为代表的市场国可以要求在本国经营的跨国数字企业按GMUCS分配所得税。四是一些数字经济大国率先改革，例如，中国、美国从缓解国内税收利益矛盾以及国际发展长期利益出发，率先在国内外推进改革。五是跨国企业发起倡议，跨国企业从自身长远利益出发，提议采用GMUCS。

以上多方推进主体中，从现实利益来讲，市场国是最有动力的，因为它们是现行体制的利益损失者，它们会采取包括单方行动在内的各种方式来给跨国企业和居民国压力，以推动更好方案的落地。对于居民国来讲，考验的是政治智慧，需要在长远利益和眼前利益之间取舍。

（二）建立GTO信息系统

推进GMUCS，虽然不一定需要建立全球税务组织（GTO），但从GMUCS的运行来讲，需要建立GTO信息系统，这是系统论和机制设计理论中保障信息有效的重要条件。

1. 建立GTO信息系统的必要性

国际税收专家维托·坦兹（Vito Tanzi）建议为了适应

经济全球化的趋势和现实，避免国际上的恶性税收竞争，有必要成立全球税务组织（GTO）或者国际税务局[①]。在GMUCS方案中，GTO虽是非必要组织，却是GMUCS推进的重要信息基础设施。

第一，从企业来看，建立GTO信息系统可以降低企业成本。企业以追求营利为目标，要求其一切行为遵从低成本、高收益原则。如果按现行的税收管辖区内企业分别申报的方式，在跨国企业经营遍及世界多国的情况下，纳税申报将付出比较高的成本；而GTO信息系统可以使跨国企业一次申报完成对所有国家的申报义务。

第二，从国家来看，建立GTO信息系统可以满足国家对信息的需求。国家关注的核心是平等，要求得到与其他国家一样的平等对待。跨国企业将申报信息源发送到GTO信息系统，GTO信息系统自动转送到相关国家。与税收管辖区独立申报相比，GTO信息系统在程序上保证了相关国家享有同一信息源，消除了信息不对称，减少了制造不平等的机会。

2. GTO信息系统与现有征管合作机制的关系

为了促进全球税收征管，防止税基侵蚀与利润转移，

[①] 倪红日. 经济数字化、全球化与税收制度 [J]. 税务研究，2016（4）：5-9.

当前国际社会已经建立了多种合作方式和合作平台。国际公约方面有《多边税收征管互助公约》(The Multilateral Convention on Mutual Administrative Assistance in Tax Matters)，以及根据该公约制定的《转让定价国别报告多边主管当局间协议》(Multilateral Competent Authority Agreement for the Automatic Exchange of Country-by-Country Reports，CbC MCAA)，旨在要求签约国与跨国企业报送的国别报告信息进行自动交换；制定了《金融账户涉税信息自动交换多边主管当局间协议》(Multilateral Competent Authority Agreement on Automatic Exchange of Financial Account Information)，建立了金融账户涉税信息自动交换实施的共同传输信息系统。合作平台方面，OECD 组织了税收征管论坛 (Forum on Tax Administration，FTA)，该合作平台下的信息共享、国际遵从保障计划、联合审计等具体措施推动全球税收征管一体化。企业报送信息方面，BEPS 第 13 项行动计划《转让定价文档与国别报告指南》要求跨国企业向当地税务管辖区分别报送国别报告。

GTO 信息系统可以替代一些当前的合作机制，同时与保留的合作机制共生。GTO 信息系统与国别报告交换、金融账户信息交换的区别在于：国别报告交换和金融账户信息交换是建立在国家间的信息交换，GTO 信息系统是要实现跨国企业与多个国家的直接连接。GTO 信息系统与 BEPS 行动计划要求企业报送的国别报告是一致的,不同的是 BEPS 计划中要求跨国企业分税收管辖区独立报送,而 GTO 信息系统可以实现跨国企业一次报送,相关国家共同分享。如果 GTO 信息系统成功运行,国别报告交换可以被取代,而金融账户信息交换可以与 GTO 信息系统相互补充,税收征管论坛则可以在统一申报基础上加强统一征管。

3. 建立 GTO 信息系统的主体

建立 GTO 信息系统的主体,与推进 GMUCS 方案的主体基本上是一致的。首选是国际组织或者区域性组织,例如 OECD、G20、联合国财政税务委员会、欧盟、东盟、区域全面经济伙伴关系协定、"一带一路"税收征管合作机制等。但如果国际组织没有行动,单个国家与跨国企业也能够先行一步。跨国企业建立这样的系统能节省很大的成本,同时,由于 GTO 信息系统平台的公益性,又将吸引大量用户参与,构成新的广泛应用的数字平台,形成不可估量的新盈利点。

(三)国内税收体系改革

国内税收体系改革是国际税收治理体系改革的基础。没有国内税收体系的改革,国际税收治理体系改革也无从落地。国内税收体系需要对个人所得税、企业所得税制度做出相应调整，并优化增强反馈回路，这是系统论和机制设计理论中激励相容的重要条件，也是为了实现对数字经济国际税收治理体系边界的调整。

1. 个人所得税的改革

（1）通过所得税抵扣将个人所得税和企业所得税融为一体。个人所得税是进行社会治理的重要税种[1]。焦瑞进、张斌均认为，未来数字经济时代的税制将很有可能最终放弃对日益复杂和难以识别的企业及其流转环节征税，而将征税的主体聚焦为自然人，并依托收入和支付信息的电子化征收个人所得税。[2][3]GMUCS 正是依托个人所得税抵扣来实现征收跨国企业企业所得税的目的。

（2）优化个人所得税外部激励增强反馈回路。当前的个人所得税征管，更多用的是税务检查、稽查，作为一种惩罚手段促使纳税人不得不纳税，该规则是一种外在惩罚模式，运行成本高。提升个人缴纳所得税动力，更好的方式是增加外部激励，形成增强反馈回路。如图 5 所示，跨

---

[1] 廖体忠. 公平和现代化的国际税收体系：回顾与探索 [J]. 国际税收，2019（11）.

[2] 焦瑞进. 大数据时代深化税收改革的系列思考 [J]. 财政经济评论，2016（1）.

[3] 张斌. 数字经济对税收的影响：挑战与机遇 [J]. 国际税收，2016（6）.

国企业给要素持有者分配税收利益的动力在于要素持有者"用脚投票",要素持有者"用脚投票"的动力在于希望抵扣更多的所得税,而要素持有者的所得税抵扣动力来自其愿意缴纳所得税(税收居民享受优质公共服务)或不得不缴纳所得税(税务检查、稽查)。如果缴税无利,那就没有人去缴税,所得税抵扣也就失去意义。提升纳税人缴纳所得税的意愿,正是 GMUCS 的原动力。

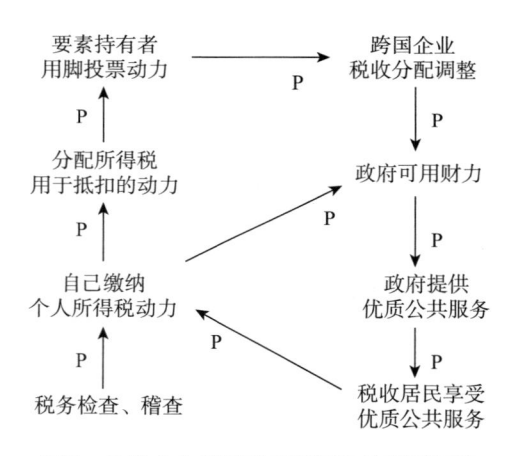

图5 维持个人所得税规则运行的增强回路

因此,可以更多考虑个人所得税税收居民概念,强化个人所得税税收居民与政府公共服务的连接,缴纳更多所得税的诚信纳税个人可以享受更优质的公共服务,让增强回路的反馈效果更明显。由此,用户个人推动跨国企业分配更多税收给用户个人及其所在国,从而增加政府可用财力，政府有能力提供更多优质公共服务，税收居民可以享受更多优质公共服务。

（3）强化税收居民与政府公共服务连接，要求适当差异化公共服务。一是从激励缴纳个人所得税来讲，必须要求政府提供差别化的公共服务。如果提供公共服务对所有人都一样，又强调税收的强制性、无偿性，那么，纳税人就不会有动力，没有形成激励。二是从税收作为政府提供公共服务的对价来讲，政府也应该对多纳税者提供适当差别的优质公共服务。对价是一种市场交易理论，税收不是简单的、纯粹的市场对价，但税收从本质上来讲是一种市场对价。多纳税者与少纳税者提供的对价不同，政府在公共服务的对应上也应该有适当差别。三是政府提供公共服务的差别必须限定于基本均等的公共服务上的有限、适当差别，而不是简单的市场差别。如果税收完全脱离强制性、无偿性，进入市场交换的对价，那么，政府将不能称为政府，政府将称为营利性公司。

2. 企业所得税改革

（1）确立分割法定税率。不管是国际税收关系中的居民国还是市场国，从数字经济带来的长远影响来讲，都需要改革企业所得税制，在法定税率下分割确定保留税率，其余部分由企业自行分配，开辟企业税收分配的竞争市场。

（2）建立企业所得税间抵扣连接。企业与个人一样，都是市场的参与主体，也会成为另一企业的要素持有者。因此，需要调整所得税抵扣规则和维护企业所得税缴纳规则，即允许企业以跨国企业缴纳分配在其账户上的所得税抵扣自身需要缴纳的所得税。

（3）强化企业所得税外部激励增强反馈回路。与个人所得税外部激励相同，强化企业所得税税收居民概念，让依法诚信纳税、贡献大的企业纳税人及其法定代表人、高级管理人员或企业指定的优秀员工等可以享受更多优质公共服务。

（四）企业管理体制改革

在 GMUCS 方案下，企业管理体制会做出相应的转变，更加关注市场和客户，利用信息通信技术加强与客户的联系，及时反馈相关信息和税收利益。

1. 由应对政府税务部门检查转变为对市场要素持有者负责

在市场大环境调整下，企业是最容易变革的。企业由以往主要应对政府税务部门检查到将来 GMUCS 下主要对要素持有者负责，包括各类上下游客户、无偿参与用户和有偿购买用户、员工、股东、政府，对市场负责，企业将会更加注重要素的实际价值，更加合理分配包括税收利益在内的各种报酬。

2. 建立对要素持有者的密切联系

企业要向对其提供要素的要素持有者汇报信息，这本身就是企业的职责。上市公司公布的各种年度报告都是在履行这一职责。不过在数字经济下，企业履行这一职责将更加方便，也更加迫切。在 GMUCS 下，企业利用数字经济建立的与用户之间的便利连接优势，将申报信息和分配所得税额信息发送给要素持有者，最关键的是给用户个人以税收形式分配收益，要素持有者据此增加对平台企业的理解和支持，企业实现更好的发展。

六 GMUCS 系统循环与比较

（一）GMUCS 系统循环（见图 6）

在市场国与居民国的矛盾系统循环中，经济数字化带来的市场国税收利益损失等价于用户个人的税收形式利益损失，市场国与居民国的税收利益冲突就等价于用户个人与数字企业的税收形式利益冲突，因此，市场国和用户个人共同要求跨国企业做出税收分配调整。市场国可以通过约谈跨国企业、做出营业限制、开征数字服务税等手段，用户个人则通过"用脚投票"选择更好平台的方式直接作用于跨国企业。在市场国和用户双重压力下，跨国企业做出税收分配调整，从而减少市场国税收利益损失，缓和市场国与居民国的税收利益冲突，增加用户税收形式收益，形成一个自动趋向于合理目标的调节回路。

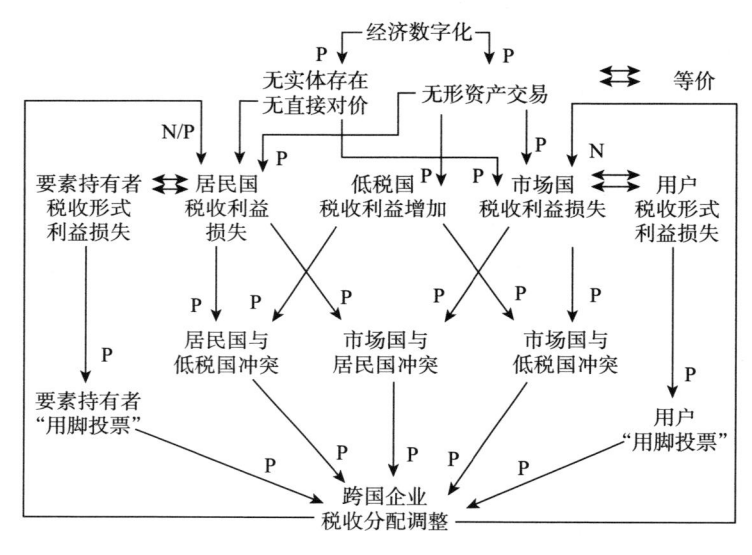

图6 GMUCS系统循环

在要素国与低税国的矛盾（以居民国与低税国矛盾为例）系统循环中，经济数字化带来的居民国税收利益损失等价于要素持有者个人的税收形式利益损失，居民国与低税国的税收利益冲突就等价于要素持有者个人与数字企业的利益冲突，因此，居民国与要素持有者个人同样可以共同要求跨国企业做出税收分配调整。居民国可以约谈跨国企业、限制对外投资，要素持有者个人则仍然可以采用最有效的直接的"用脚投票",不与违背社会公德企业合作等方式给跨国企业施压。在居民国与要素持有者共同压力下,跨国企业做出税收分配调整,从而减轻居民国税收利益损失,缓和要素国与低税国的税收利益冲突,增加要素持有者税收形式报酬,形成一个自动趋向于合理目标的调节回路。

(二)OECD 范本系统循环(见图 7)

传统经济下的 OECD 范本系统以有经济关联的实体存在和独立交易原则为基础,当市场国认为跨国企业与常设机构或关联企业的交易偏离独立交易原则时,自身的税收利益受到损失,市场国就会发起转让定价调整等措施,促使跨国企业调整与常设机构或关联企业的交易价格,以符合独立交易原则,形成一个趋向于合理目标的调节回路。同样,当居民国认为跨国企业与常设机构或关联企业的交易偏离独立交易原则时,自身利益受到损失,居民国也会发起转让定价调整等措施,促使跨国企业调整与常设机构或关联企业的交易价格,以符合独立交易原则,形成一个趋向于合理目标的调节回路。要素国与低税国之间的税收利益矛盾调整与此相同。

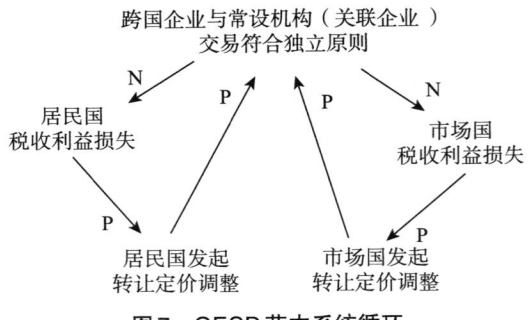

```
                跨国企业与常设机构（关联企业）
                    交易符合独立原则
                N  ↙   ↗ P    P ↖   ↘ N
        居民国                          市场国
      税收利益损失                    税收利益损失
          ↓ P                            ↓ P
        居民国发起                      市场国发起
       转让定价调整                    转让定价调整
```

图 7　OECD 范本系统循环

（三）双支柱方案系统循环（见图 8）

数字经济下无实体存在、无直接对价、大量无形资产交易导致 OECD 范本系统无法运转。OECD 双支柱方案运行，市场国与居民国的冲突执行支柱一方案，以三段分配机制来缓解市场国与居民国的税收利益冲突，形成一个调节回路；要素国与低税国的冲突执行支柱二方案，限定全球最低税率，以此缓解要素国与低税国的税收利益冲突，形成一个调节回路。该系统运行相对比较脆弱，因为支柱一方案本身就存在很多争议，在其后续税收利益调整过程中会更困难，支柱二方案的最低税率的执行也会由于国家间的经济竞争而难以落实。

```
              ┌── 经济数字化 ──┐
           P  │               │ P
       无实体存在              无形资产交易
       无直接对价
         │ P        P       │ P
    P ┌──┴──┐  ┌──┴──┐  ┌──┴──┐  N
    居民国    低税国 P  P  市场国
    税收利益损失 税收利益增加 税收利益损失
      N
      │ P  P    P  P    P  P
    居民国与低税国  市场国与居民国  市场国与低税国
       冲突         冲突          冲突
      │ P  P    ↓            ↓
    执行支柱二            执行支柱一
    限定最低税率        制定公式分配剩余利润
                    按独立交易原则分配常规利润
                        调解争议利润
```

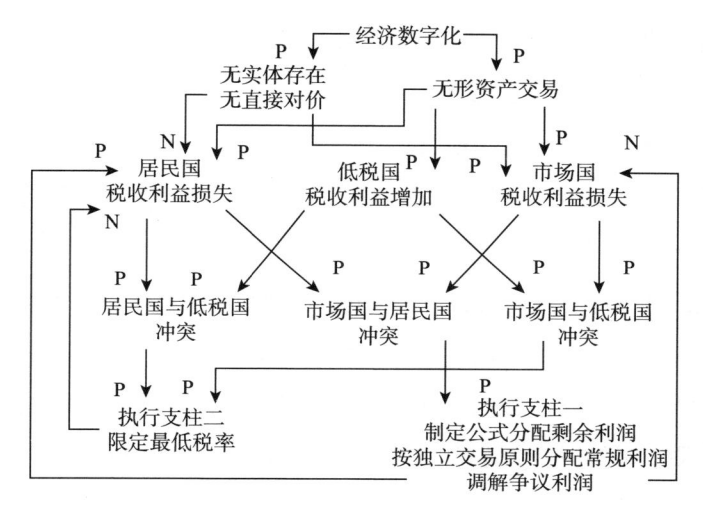

图 8　双支柱方案系统循环

（四）系统循环比较

没有比较，就不能更深入地了解事物的特性。通过 GMUCS 系统循环与 OECD 范本系统循环、双支柱方案系统循环的比较，能够更清楚地了解 GMUCS 系统循环的特性，发现其优劣，发挥其长处。

1.GMUCS 系统增加了参与要素类型和数量

GMUCS 系统增加了参与要素类型和数量。OECD 范本与双支柱方案是相同的，参与方都是国家（包括居民国、市场国、低税国）和跨国企业，参与数量相对有限；GMUCS 则在国家和跨国企业基础上，扩大系统边界，引入了要素持有者，且参与者数量是庞大的。

2.GMUCS 系统增加了调节手段

从系统调整的方式来看，GMUCS 系统增加了调节手段。OECD 范本通过政府转让定价调查与跨国企业博弈来促使企业做出调整，而 GMUCS 除了政府直接发起转让定价调整等手段促使跨国企业做出调整外，增加了借助要素持有者"用脚投票"的市场压力来促进跨国企业做出税收分配调整；双支柱方案中，相关国家被束缚了手脚，没有单独调整的机会，只有多国达成合意才能告知跨国企业执行。

3.GMUCS 系统社会运行成本最低

三个系统中，GMUCS 运行成本最低，OECD 范本次之，双支柱方案运行成本最高。因为 GMUCS 借助要素持有者"用脚投票"的市场竞争方式来达到平衡，无须国家财政负担，还帮助政府获取最大税收利益；OECD 范本通过转让定价调查来促进企业调整，国家支出成本总体可控；双支柱方案中市场国与居民国要找到一个合适的划分税收利益的方式、公式，各种谈判花费很大，且不可控制。

4.GMUCS 系统运行最平稳

三个系统中，GMUCS 系统运行最平稳，OECD 范本次之，双支柱方案最差。主要因为 GMUCS 是借助庞大的要素持有者"用脚投票"的压力来促使企业调整,因此,企业可以事先预判、主动做出调整;OECD范本则是相关国家与单个跨国企业的转让定价调查来促使企业调整,波动幅度和范围不大;在双支柱方案中,市场国与居民国试图找到一个合适的规则运用于所有跨国企业或某类跨国企业,其每次调整给系统带来的震荡将是非常明显的。

5.GMUCS系统运行最有效

三个系统中,GMUCS系统的运转最有效,OECD范本次之,双支柱方案可能低效或无效。GMUCS的有效性建立在广大要素持有者的参与、监督以及政府部门的监督上;OECD范本则仅建立在政府部门的监督上;双支柱方案由多个国家主体参与协调,协调成本高、协调难度大、前期谈好的协议还可能会因某个国家的不同意半途而废,因此,双支柱方案预期效果较差。

七 GMUCS系统运行结果及评价

(一)GMUCS系统运行结果

1.市场国税收利益得到扭转,市场国与居民国税收利益达到动态平衡

数字经济挑战带来的市场国与居民国税收利益矛盾,

在 GMUCS 中可以得到有效解决。既解决了市场国企业所得税的分配问题，也解决了用户所在国个人所得税征收问题。市场国是 GMUCS 的受益者，通过市场国用户与跨国企业的竞争，跨国企业与跨国企业的竞争，市场国与居民国各自获得相应的税收。虽然用户个人凭借跨国企业为其在市场国缴纳的税收形式的收益可以在市场国抵扣自己的个人所得税，带来市场国税收的减少，但不管用户如何抵扣税款，市场国总能保证一定的税收收入。

此外，通过市场竞争，居民国为了其企业的发展，会不断降低保留税率水平，让更多的税收红利交给企业来自由分配，市场国和居民国税收利益从而在市场竞争中达到动态平衡。

2. 市场国与居民国信息对称、税源共享，达成利益共同体

实施 GMUCS 对政府和企业都有利，并减少了市场国与居民国政府各自之间的误解和争端。一方面，跨国企业按选定的准则和税法计算利润和所得税，按同一税基计算、分配所得税，统一申报到 GTO 信息系统，而后 GTO 自动转送相关申报信息到各相关国家，市场国和居民国的信息是一致的，跨国企业对市场国和居民国实现多税多分，少税少分，没税不分，一起"同甘共苦"，形成利益共同体。

3. 企业向低税国转移利润得到遏制，要素国与低税国矛盾得到缓解

GMUCS 缓解了数字经济下利润转移引发的要素国与低税国的矛盾。由于建立了个人所得税的抵扣连接，人们普遍存在对当前利益的偏好，资本持有者、用户以及员工等要素持有者会"用脚投票"来促进跨国企业更合理分配当前所得税，同时，由于要素持有者等社会公众的全方位、多维度监督，跨国企业向低税国转移利润的动机大大降低。

4. 企业在竞争中自由发展，个人在参与中享受红利

GMUCS 实现了税收的确定性、简易性，缓解了信息不对称矛盾，实现了跨国企业与市场国、居民国、要素持有者的激励相容，降低了国际税收利益冲突，因此，跨国企业经营风险降低，可以在竞争中自由发展。用户个人作为世界经济社会活动的微观主体，也在参与跨国企业的发展中，贡献各类要素，享受更多全球经济发展的红利。

（二）GMUCS 系统评价

1. GMUCS 解决了激励相容和信息有效的核心问题

从机制设计理论来看，GMUCS 解决了激励相容和信息有效这个核心问题。GMUCS 通过市场竞争"看不见的手"做到参与主体激励相容，激发参与主体显示自我

信息，实现经营剩余分配，保障跨国企业、要素持有者、要素国（包括市场国、居民国）各展其长、各取所得。GMUCS 解决了三个层面的分配问题。第一层面是跨国企业对要素持有者及其所在国的税收形式利益分配。跨国企业给予要素持有者及其所在国的税收形式报酬越多，要素持有者及其所在国对企业的支持也就越大，跨国企业的全球经营发展越好，因此，达到参与主体激励相容；在激励相容的框架下，要素持有者、要素国、跨国企业的竞争激发跨国企业给予要素持有者及要素国适当的报酬，要素持有者、要素国给予跨国企业最大的支持，因此，各方信息显示有效。第二层面是要素国对要素持有者的税收形式利益分享。要素持有者在享受同等政府公共服务前提下，要素国政府的要素持有者的税收利益分享越多（抵扣比例越高），要素持有者越会来此地工作生活，从而促进当地经济社会发展，因此，参与主体激励相容；在激励相容框架下，要素持有者与要素国政府的竞争，激发要素国政府给要素持有者更多税收利益分享并提供更优服务，要素持有者会更多来此地工作生活、向跨国企业争取税收形式利益，因此，各方信息显示有效。

2. GMUCS 打通了所得税之间的抵扣通道

从税制的发展看，GMUCS 打通了所得税之间的抵扣通道。从所得税之间的抵扣来看，要素持有者得到跨国企业分配的企业所得税额，可以用于抵扣其个人所得税，也可以抵扣企业所得税，实现了两个所得税的完美连接。要素持有者中股东个人所得税的抵扣也解决了很多国家和学者一直争论的问题，即股东获得的股息红利要不要缴纳个人所得税以及如何避免重复征税的问题，① 通过企业缴纳分配的所得税用以抵扣股东的股息红利个人所得税，减轻了资本所得纳税负担。另一方面，对数字经济下增值税遇到的挑战，一种改革方向是建立流转税与所得税之间的抵扣机制，② 这应该是数字经济流转税的改革趋势。最终，所得税之间的抵扣机制和交易环节流转税与所得税的抵扣机制为连接，构成数字经济下相对完整的自运行税制安排③。

3. GMUCS 符合渥太华税收框架原则

从税收征管来看，GMUCS 符合渥太华税收框架原则。GMUCS 对于无实体存在的跨国经营企业、有实体存在的跨国经营企业以及不跨国经营国内企业，税负是相同的；

---

① 李宛姝，马蔡琛. 企业所得税与个人所得税的衔接路径——基于法人拟制说与法人实在说的考察 [J]. 税务研究，2018（12）.
② 王卫军. 朱长胜. 应对数字经济的挑战：从生产增值税到消费生产税 [J]. 税务研究，2020（12）.
③ 自运行机制，强调机制的运转更多依靠参与者内心自发的力量，而不是更多依靠组织者推动的力量。自运行机制相关内容见：戴天宇. 从"如何管"到"如何不管"：企业自运行机制设计 [M]. 北京：北京大学出版社，2020. 本书建立的数字经济下最终环节所得税抵扣机制和交易环节流转税抵扣机制，能够形成一种自运行税制安排。

对于高度数字化企业、借助数字化经营的企业以及传统经济的实体企业，税负也是相同的。GMUCS 系统让跨国经营企业更加节省纳税成本，国家征税成本大幅下降，而且由企业自行判断如何分配税收利益，规则既简单又确定。同时，GMUCS 还符合有效和公平原则、灵活原则等。

4. GMUCS 破解了无形资产定价难题，带动国际贸易大发展

从国际贸易角度看，GMUCS 破解了无形资产定价难题。跨国企业内部交易中一直面临着无形资产定价难问题，并常常遭到税务部门调查甚至被诉讼到法院裁决，给跨国企业经营带来很大困扰，影响了国际贸易的发展。马一德认为，现行专利许可费定价规则都是各国基于自身利益主动或被动制定的单边规则，建议通过市场来整合定价规则，增强多边贸易体制对全球价值链的适应性。[①] 然而，专利许可费的市场化定价需要面对的根本问题是国家税收利益分配问题。GMUCS 方案以市场规则解决了税收利益分配问题，专利许可费定价采取市场定价还是其他定价方式都将不再是问题，由此，将带来国际贸易乃至世界经济的加速蓬勃发展。

---

① 马一德.多边贸易、市场规则与技术标准定价 [J]. 中国社会科学，2019（6）.

5. GMUCS 适应了数字经济的发展要求

从政治经济学角度看，GMUCS 适应了数字经济的发展要求。马克思主义政治经济学认为：生产力决定生产关系，经济基础决定上层建筑。GMUCS 作为上层建筑，在全球范围内以要素持有者竞争形式分配全部剩余价值，适应全球化生产经济基础的要求，解决了本地利润本地分配与全球化生产之间的矛盾。GMUCS 在申报方式上与数字经济的生产工具相匹配，在课税主体上与数字经济的生产组织形式相适应，在课税对象上包含数字经济生产成果，适应数字经济的生产环境，将促进数字经济的快速发展。

由此，GMUCS 方案基本解决了数字经济给当前国际税收秩序带来的挑战，将走上一条可持续发展的、共建、共享、共同繁荣的人类命运共同体之路。

八 关于 GMUCS 问题的回应

（一）市场竞争机制何以应对企业垄断

有人担心，数字企业存在天然网络效应和马太效应，容易出现市场垄断，以用户个人的竞争来应对垄断，谈何容易，效果又能如何？

数字经济时代新技术、新模式的快速迭代和高水平投资特点，成功的平台企业所获得的市场力量往往是短暂而脆弱的，进入壁垒并没有传统市场中那么持久而稳固。[①]只要数字企业稍有松懈，在要素报酬方面稍有差异，可能会引起要素持有者大规模流动，进而给数字企业带来巨大经营压力。因此，不管是现有的垄断企业，还是新生的挑战企业，都会将要素持有者作为重要的合作伙伴和竞争目标，否则要素持有者将会"用脚投票"，由此，相关企业始终处于激烈竞争态势。

另外，国家作为跨国数字企业的对抗形式，会以政治垄断来对抗经济垄断，携本国用户一道要求跨国数字企业合理分配税收利益，取得合理报酬，否则可以采取行政、法律等手段限制跨国企业在本辖区内经营。

因此，从理论上来讲，即使在某一行业会有高度垄断出现，但垄断企业也必然注重给要素持有者适当的回报，由此实现包括市场国在内的征税目的。现实中垄断企业与快速发展企业以及要素持有者、要素国之间的竞争，将是一个不断深入的实践问题。

（二）如何应对居民国保留税率设定过高问题

有人担心，居民国会设置过高的保留税率，市场国

---

① 熊鸿儒. 我国数字经济发展中的平台垄断及其治理策略 [J]. 改革，2019（7）.

一分钱都分不到。我们认为：对于居民国来讲，设定保留税率意味着让渡一部分利润给市场国，相较于不与市场国分享税收利益来讲，这是利益损失，因此，居民国从眼前利益出发，可能会设定比较高的保留税率，这是可以理解的。在 GMUCS 刚开始落地时，也应该这样做，不应造成居民国税收较大波动。市场国与居民国可以协商设置过渡期，比如在 5 年内保留税率调低为法定税率的 70%~80%。

理论上，只要税收利益自由分配的闸门一打开，在市场竞争的压力下，为了支持本国企业在全球的布局和竞争力，居民国的保留税率会越来越低，直至为零，即所有的税收利益用于要素持有者之间分配，这也正是市场国和要素持有者想看到的，最终市场国与居民国等要素国享有共同的税收分配基础。

（三）如何应对跨国企业做低利润避免纳税

有人担心，跨国企业故意做低利润避免纳税，那么，用户个人和市场国就不能取得任何税收形式利益。我们认为，跨国企业在市场竞争压力下，会考虑给予用户包括税收利益在内的更多利益，如企业通过降低市场价格给予用户更多红利。因此，企业的利润可能降低，甚至低到无所得税可缴纳，但这对全球来讲都是有利的，因为用户通过市场竞争享用了质优价廉的服务，这是市场竞争的结果，也是全球居民愿意看到的结果。

但对于资本来讲，企业不可能永远不盈利，总有盈利的一天。只要企业有盈利，就会涉及税收利益分配。对于一直不盈利，但股价一直涨的企业，股东转让股权取得的收益则应被认为是股东（要素持有者）的应得，是前期不盈利未分红而一直增长的一种补偿。当然，在全球市场竞争中到底哪种经营模式更有吸引力，最终还是由包括用户在内的参与企业剩余价值实现的要素持有者来选择。要素持有者可能偏向于当期分配税收红利，也可能偏向于企业直接回馈利益，这都是实践选择的结果。

（四）恶性竞争问题

GMUCS 允许跨国企业自行选定某一国家（推荐选用居民国）或国际组织的会计准则和税法计算全球利润和应纳所得税额，会不会导致各个国家为了吸引企业投资进行政策比拼，形成恶性竞争？

当前，跨国企业所得税分配方式是先锁定各常设机构的利润，再按各常设机构所在地税法纳税，是一种本地利润本地分配方式。但该方式对于数字经济不适用了，常设机构不存在，市场国无法征收到税款。GMUCS 引入要素持有者竞争机制来推动全球利润全球分配方式的自运行，最终分配的是企业全球经营剩余。不管企业选择什么会计准则、采用什么税法，只有最终给要素持有者实实在在的利益，才能获得要素持有者的支持。在这种情况下，是降低企业所得税率还是提高企业所得税率，已经没有多大意义，最好的策略是让企业自行决定分配多少剩余给要素持有者，使企业获得市场，在市场竞争中赢得发展。

（五）企业所得税涉及支持研发、高新技术企业等多种优惠政策，GMUCS方案如何与此类优惠政策衔接？

当前企业所得税政策中各国都采用研发费用加计扣除、固定资产加速折旧、高新技术企业等一些优惠政策，用于支持特定产业发展。GMUCS不影响现行的优惠政策，企业继续按优惠政策计算应纳税所得额和应纳所得税额。最终分配多少剩余价值给要素持有者是要素持有者关心的问题。在这种情况下，享用优惠政策的企业可能不会因为当年度少缴纳税收而获得利益，相反，可能因为当年度没有支付给要素持有者适当的税收形式的收益，而在市场竞争中有所损失。

在这种情况下，政府对企业给本地政府缴纳的留存部分给予优惠，则是实实在在的优惠，这是本地政府采取优惠政策支持企业发展的着力点。同时，为了支持相关企业的发展，可以考虑给该类企业要素持有者取得的税收形式收益更高的抵扣比例。

（六）如何应对所得税抵扣过多或过少的问题

有人担心建立所得税抵扣连接，导致所得税抵扣过多，市场国政府整体税收收入减少。在 GMUCS 刚落地时，跨国企业不可能分配很多的所得税给要素持有者。同时，不管国内要素持有者抵扣多少，跨国企业分配的税收只会增加本国收入，而不会减少本国收入。另外，国内税法还可以根据实际情况，调整用户分配得到的所得税抵扣比例，例如抵扣比例限定在 60%~80%，就是从跨国企业分配得到 1 元钱，用户可以抵扣 0.6~0.8 元。但抵扣比例到底是多少，还是用户国之间市场竞争的结果。

又有人担心虽然建立了所得税抵扣连接，但是分给个人的所得税太少，以至于个人没有抵扣动力，对跨国企业税收分配不形成竞争压力。例如，Facebook2018 年度缴纳所得税为 32.49 亿美元，2018 年底月度活跃用户数量为 23.2 亿[1]，如用户分割所得税占比为 30%，每位用户平均可得到 0.47 美元，这对于个人来讲金额确实不大。但是当前 Facebook 等数字企业存在大量避税行为，若推进 GMUCS 方案，实际金额远不止于此。况且，随着数

---

[1] Facebook Annual Report for the Fiscal Year Ended December 31, 2018.

字经济发展，GMUCS方案应用的深入，用户通过取得多家跨国企业税收分配，年度积累，用户最终可以得到较大抵扣。同时，政府还可以通过有差别的公共服务给居民个人纳税激励，创造向跨国企业征税的统一战线。只要用户与政府的利益是一致的，政府就有能力发动群众来维护本国人民的税收利益。

（七）GMUCS方案如何考虑国家区域贡献因素，如何应对跨国企业损害一些弱小国家税收利益

当前关于跨国企业的转让定价实践中有地域性特殊优势之"市场溢价"理论，就是说特定区域市场的贡献。在GMUCS方案中跨国企业给要素持有者分配剩余，是否考虑国家区域因素，这是市场竞争的结果，不是事先制定好的强制因素，在要素持有者以及相关国家与跨国企业的市场自由竞争中会达成一定结果。当然，有些国家或地区可能会认为分配现状不合理，那么，该国家或地区可以动用一切正当手段来向企业竞争，争取达到理想的公平公正状态。

有人担心GMUCS方案下，数字企业损害弱小国家的税收利益，应该如何防范？在GMUCS中跨国企业按同一规则计算利润和所得税，按同一规则分配所得税，并将所有相关信息以多种语言文本统一申报到GTO信息系统，相关国家得到的是包括本国语言在内的多国语言申报信息，信息是完全透明的，从程序上保证了弱小国家税收利益不会受损。

随着要素持有者对跨国企业的税收利益竞争，跨国企业之间的市场竞争，跨国企业对用户个人的税收分配规则也会越来越透明，越来越规范，在世界公众的共同监督下，弱小国家的利益会得到相应的保障。当然，弱小国家认为自己税收利益受损，可以直接与跨国企业展开谈判，甚至限制跨国企业经营，以维护自己的正当利益。

（八）用户个人向数字企业能要到税吗

有人认为用户个人免费使用平台企业的功能，不用支付费用，已经是万幸了；现在市场国政府为了征收税款，又让用户个人跟数字企业竞争分享所得税，平台企业会给用户个人分享所得税吗？对此，从三个方面来理解。

一是用户个人参与数字平台企业剩余价值分享的合理性与可行性。从剩余价值分配理论来讲，不管用户是作为生产者，还是作为消费者，都为数字企业创造了剩余价值，都有参与剩余价值分配的权利。因此，用户个人向数字企业索取剩余价值是正当的、合理的；数字企业向用户个人分配剩余价值是应该的。从剩余价值分配实践来讲，如果数字企业不能给予用户个人合理的回报，当然，用户个人可以"用脚投票",选择更友好的平台,这是市场自由竞争的结果。

二是市场国政府参与数字平台企业剩余价值分享的合理性与可行性。从剩余价值分配理论来讲,不管用户个人作为生产者,还是作为消费者,市场国政府都有参与数字企业平台剩余价值分配的权利。因此,市场国向数字企业利润征税是正当的、合理的;数字企业向市场国分配税收是应该的。从剩余价值分配实践来讲,市场国单靠自己很难从数字企业征收到税款,可行性较差。

三是市场国政府与用户个人一起参与平台企业剩余价值分享的合理性与可行性。市场国政府与用户个人单独行动的力量是相对单薄的,两者一起行动,形成利益共同体统一战线,与平台企业分享剩余价值,而后市场国政府和个人再做分享。由此,用户个人可以税收形式更好实现自己的报酬,政府可以顺利实现自己的税收。

(九) GMUCS 方案是否影响了用户与平台企业的市场自由交易

有人认为市场国对跨国企业征税,这是市场国与数字企业之间的关系,不能再拉第三者(用户个人、要素持有者)进来,拉第三者进来征收税款,让第三者去与数字企业展开竞争,影响了第三者与数字企业的市场自由交易,妨碍了市场的自由运行，降低了市场对资源的配置效率，不符合市场对资源配置起决定性作用的特点。

对此，我们首先要确认市场国对数字企业的征税权，在达成共识的基础上，再讨论方式方法的问题。如果没有这个共识，后面所有的方式方法都免谈。在形成市场国征税权共识的基础上，对GMUCS方案的一种理解是，市场国政府通过引入用户个人与数字企业的竞争，可能以扭曲用户个人与数字企业的市场交易为代价，来实现政府征税的目的。

但换一种理解方式，可以认为市场国政府把从数字企业征收的税款分给了用户个人，由此改善了用户个人的处境，并由此引发用户个人对数字企业的竞争。这两种理解是对同一事物不同侧面的认识，但对于后一种理解来讲，并没有引入第三者来征税，以扭曲市场自由竞争，不过是分享税收与利益相关者，并由此达到市场国对数字企业的征税目的，并没有不符合市场交易原则。

更合理的理解方式应该是用户和用户所在国政府都有取得平台企业剩余价值的权利，不过是用户和用户所在国政府两者联合起来一起行动，达到了分享跨国企业经营剩余的目的，这是正常的剩余分享。如果没有给用户和用户所在国分享，则是扭曲了市场经济，相应的要素未能得到应有的报酬。平台企业分配所得税给用户，并缴入用户所在国国库之后，用户与所在国政府之间如何进一步分享，则是后一步的问题。

从税收管辖权的实施上来讲，政府要取得收入、分享剩余，必须有一定的抓手。没有抓手，政府不可能实现其收入。在传统经济和 OECD 范本规则下，来源国（市场国）主要依靠支付单位和个人的源泉扣缴来实现，支付者（包括单位和个人）也是第三者，这就是抓手；在数字经济和 GMUCS 方案中，市场国与用户形成利益共同体，通过市场竞争来实现，这里的用户与支付者的地位和作用是一致的。

（十）GMUCS 方案跨国企业分配的税款到底是企业所得税，还是个人所得税

有人追问，GMUCS 方案征到了税款，但此税款到底是企业所得税，还是个人所得税？从本质上来讲，这笔税款就是跨国企业分配给要素持有者及其所在国的剩余，不过是以税收的形式呈现。

跨国企业将这部分税收分享给要素持有者所在国，并没有给要素持有者及其所在国划定分享比例，而是直接缴入要素持有者所在国的国库，记在要素持有者账户上。两者（要素持有者与要素持有者所在国）之间如何分享，由他们决定。理论上来讲，跨国企业分配的属于要素持有者所在国政府的部分应该是企业所得税，属于要素持有者个人的部分应该称为个人报酬，要素持有者将这部分报酬缴纳给所在国政府的是个人所得税，自己留下的是最终报酬。显然，在要素持有者及其所在国分享所得税的过程中，企业所得税、个人所得税、要素持有者报酬之间的界限已经变得模糊。

（十一）数字经济和传统经济与 GMUCS 方案的适用性问题

有人问数字经济适用 GMUCS 方案，传统经济适用 GMUCS 方案还是传统税制，两个不同的税制，哪个税制优，哪个税制劣？我们认为数字经济下的 GMUCS 方案是适应数字经济对传统税制的升级，GMUCS 方案是传统税制的高级阶段，是包容传统税制的新税制，两者没有颠覆性改变。GMUCS 方案与传统税制的根本区别在于，GMUCS 方案允许各种要素持有者参与税收形式的剩余价值分享，而传统税制仅允许生产者所在地政府参与税收形式的剩余价值分享。

在传统经济下适用传统税制是正当的、可行的；但在数字经济下适用传统税制就是行不通的，漏洞百出的，就是比较劣势的。进入数字经济时代，GMUCS 打开了各要素持有者以税收形式分享剩余价值之门，传统税制也将在 GMUCS 框架下改造运行，就是允许传统企业将部分剩余通过税收形式分享给股东、劳动者等要素持有者。传统企业采用 GMUCS 与数字企业采用 GMUCS 的不同之处主要体现在相关要素持有者的参与度上，传统企业一般没有大量无偿参与用户，也就不可能给无偿参与用户分配，一般也没有对有偿购买用户的精准记录，也就不可能对有偿购买用户分配。

（十二）GMUCS 方案给传统经济税收秩序造成冲击问题

有人担心推行 GMUCS 方案，要求跨国企业给市场国分配税收，给现行的国际税收秩序带来大的冲击。GMUCS 方案是一个包容的、兼容的、市场竞争的税收分配方案。它并不是严格规定生产者一定要给市场国分配税收，而是在市场的竞争中来实现税收形式利益分配，这是一个缓和的、不断调整的过程。

全面推进 GMUCS 方案是以数字经济为基础的，因为只有依靠信息通信技术精准记录参与企业剩余价值创造的要素持有者，并能在市场竞争中衡量其贡献，才能给予其相应的回报。这正体现了经济基础与上层建筑的关系，经济基础决定上层建筑。因此，大可不必担心传统经济企业一夜之间转向 GMUCS 方案对传统经济税收秩序造成大的冲击。

九 我国试点推进及建议

（一）国内试点推进 GMUCS 的必要性

虽然有专家学者提出积极推进国内税法与国际税法的良性互动,[①] 按国际税法进展推动修订国内所得税法。[②] 但也有不少人认为数字经济带来的主要是国际税收冲突，国内不涉及此问题，或者此问题不严重，建议国内暂不考虑税收问题，或者先把国际税收治理体系建好了，再考虑国内的数字经济税收治理。其实不然，从以下多方面看，国内都有必要推进先行试点。

1. 有利于应对国内矛盾

与数字经济带来的国际税收利益冲突一样，国内所得税税权的划分面临着相同的问题，集中表现在数字企业注册地与用户所在地的税收利益冲突。例如，2018 年阿里巴巴纳税额为 516 亿元,[③] 比肩一省的地方财政，超过西藏

[①] 余加喜，陈虎. 论数字经济时代国内税法和国际税法的良性互动 [J]. 税务研究，2020（1）.

[②] 高金平. 数字经济国际税收规则与国内税法之衔接问题思考 [J]. 税务研究，2019（11）.

[③] 经济观察网，阿里巴巴居互联网行业纳税第一：2018 年每天纳税超 1.4 亿元　总额达 516 亿元 [EB/OL]. http：//www.eeo.com.cn/2019/0401/352316.shtml.2019-04-01/2019-12-22.

（231亿元）、青海（273亿元）、宁夏（436亿元），①且2019财年阿里巴巴集团收入增长51%，②扩张迅速。而广大用户所在地省份的商品零售额则呈下降趋势，税源悄悄转移，需要政府转移支付的力度越来越大。推进GMUCS国内方案，可以减少国内转移支付压力，促进区域均衡发展，也是践行中国共产党十八届三中全会和十九大精神，"使市场在资源配置中起决定性作用"。

2. 有利于促进供给侧结构性改革

供给侧结构性改革要求给企业减负，降低企业整体税收负担，激发企业活力，增强企业经营动力。减税，一方面是在现有框架下降低税负，比如通过减计应税收入方式降低小型微利企业的企业所得税税负；另一方面，更重要的是通过结构性改革，在税制安排上做出调整，降低社会和企业整体税负，同时增强企业经营活力。引进GMUCS方案对传统税制进行改造调整，允许要素持有者用企业分配的所得来抵扣其应纳所得税额，可以降低要素持有者的税收负担，激发要素持有者对企业的投入，增强企业经营

---

① 青海、西藏、宁夏数据为地方财政一般预算收入数据，数据来源：中国国家统计局国家数据.
② 阿里巴巴2019财年起止时间为2018年4月1日到2019年3月31日。见：阿里巴巴集团公布2019年3月底止季度及财年业绩[EB/OL].https：//www.alibabagroup.com/cn/news/article?news=p190515.2019-05-15/2019-12-23.

活力,推动供给侧结构性改革。

3. 有利于"一带一路"建设

推进"一带一路"倡议,必须有税收征管和利益分享机制上的保障。先期,中国与相关国家已经建立了"一带一路"税收征管合作机制(BRITCOM),其核心是税收利益分享。税收利益分享关系理不顺,中国企业也不可能顺利走出去。国内先行试点推进数字企业所得税制调整,有利于顺利将该方案推广到"一带一路"国家。虽然有人担心在"一带一路"合作中推进 GMUCS 中国将是税收流出国,对中国不利,但是长远看来,中国企业顺利"走出去"带来的整体收益将是不可估量的,这也是真正践行"一带一路"共商、共享、共建原则,实现政策沟通、设施联通、贸易畅通、资金融通、民心相通的必由之路。

4. 有利于打造人类命运共同体

当前,数字经济带来的国际税收冲突与中国关系不大,正是说明了中国数字企业走出去经营不深,影响不广。中国要继续深化改革开放,拥抱世界,必须借助公平、公正、合理的税收分享治理体系。谢伏瞻指出,新工业革命中最大的受益国一定是以更加开放的姿态集聚全球科技要素、同时又与别国分享创新价值的国家,谁能够建立更加开放的创新生态,谁就能够在新工业革命的产业体系中占据更加有利的位置。①在国内先行试点推进,将为打造人类命运共同体,引领国际税收治理体系改革打下坚实基础。

(二)国内试点推进方案

国内试点要统筹选定市场主体、改革税制、调整税收征管信息系统等三个方面工作。

1. 在市场主体选定上,建议采取强制 + 自愿申请的方式

强制选择国内典型数字企业,如阿里巴巴、腾讯等企业,其他数字企业可以自愿向税务部门申请备案执行。由于 GMUCS 允许要素持有者抵扣税款,这将给用户带来很大激励,有利于数字企业拓展市场,因此,会有众多企业自愿申请参与;另外,由于数字企业采用新方案会导致注册地税收减少,当地政府将对申请企业做出一定权衡。刚开始试点,企业数量不宜多,应根据情况逐步开展。

2. 在税制改革上,调整企业所得税和个人所得税

中国作为中央集权制国家,在推进企业所得税和个人所得税的顺利改革方面具有制度优势。GMUCS 可以在当前跨省市分享办法的基础上,推进国内版 I 型标准方案和

---

① 谢伏瞻. 论新工业革命加速拓展与全球治理变革方向 [J]. 经济研究,2019(7).

II 型修正方案。为此，需要企业所得税在法定税率下设定保留税率。考虑到税收的平稳过渡，刚开始保留税率可以高一些，后面可以逐步调低。企业所得税分配选择要素持有者时应先考虑个人用户，再考虑股东、内部员工、企业用户等其他要素持有者。个人所得税设计抵扣机制，允许他人代为缴纳的所得税用于个人所得税抵扣，同时强化税收居民概念，加强税收居民与享受优质公共服务的联系，增强个人纳税动力。

3. 在税收征管信息系统上，建立全国税务信息系统

建立全国税务信息系统（National Tax Information System，NTIS），试点企业直接在全国税务信息系统申报，全国税务信息系统将相关信息发送相关省税务部门。试点企业直接缴税到各省国库，并计入相关要素持有者税务账户。当前，英国等国家已经试点个人数字税务账户，[①]中国可以借鉴并将数字税务账户绑定个人所得税汇算清缴地国库账号，实现个人所得税全国归集，在汇算清缴地入库、抵扣。

（三）试点情况预期评估

从企业注册地来讲，一方面由于 GMUCS 方案的试点

---

① 李平，吴颖. 英国数字税务账户应用实践及借鉴[J]. 国际税收，2019（12）.

企业给要素持有者分配税收形式利益，导致企业注册地税收减少，但另一方面又可能带来用户的增加，增加总体利润，进而企业注册地税收增加，因此，企业注册地税收整体上可能不会下降太多。从用户所在地来讲，由于试点企业的税收分配，虽然存在一定的所得税抵扣，但会增加地方政府税收。由于用户可以从试点企业获得税收形式利益分配，因此，用户将会更多地参与企业平台互动。

从国家总体上来讲，可能因为用户所在地的税收抵扣带来国内税收收入减少。从地区间财力平衡来讲，趋于相对均衡，中央政府转移支付压力变小。由于试点总体进程可控，不会带来税收较大波动，同时还可以实现减税降费助力供给侧改革。随着新方案的推进，区域间税收分配关系的理顺，将为中国经济高质量发展铺平道路，同时为中国企业走出去建好机制平台。

十 结语

回顾人类经济发展史，每一轮工业革命既是突破性技术大量涌现的过程，也是与这些技术相适应的国家政策体系和国际规则调整的过程，是一场技术经济范式的协同转变，是技术和体制共同"创造性毁灭"的过程。数字经济带来的国际税收秩序挑战及其重建将是一个长期过程。

GMUCS方案是以要素持有者参与为基础，所得税抵扣为连接，建立全球市场联合竞争、共建、共享的国际税收治理体系，能够避繁就简，将经济关联和独立性原则从实体存在和机构间交易价格深化为个体存在和个体利益，基本可以应对数字经济带来的挑战，实现国际税收利益的妥善分配。该方案需要国际税收秩序调整，也需要国内税收秩序做出改变，由此，可能带来所得税制的突破性改变。

市场国是经济数字化挑战的税收利益最大受损国，也是本次税改的最大动力国。从长远计，为促进国内区域均衡发展，经济高质量发展，践行"一带一路"倡议，构建人类命运共同体，中国应提前谋划改革，引领世界潮流。

图书在版编目（CIP）数据

数字经济国际税收治理变革. 挑战、应对与机制篇 / 王卫军等著. -- 北京：社会科学文献出版社，2022.7（2023.2 重印）
　ISBN 978-7-5201-9107-4

　Ⅰ.①数… Ⅱ.①王… Ⅲ.①信息经济 - 国际税收 - 税收管理 - 研究 Ⅳ.① F810.423

中国版本图书馆 CIP 数据核字（2021）第 194964 号

数字经济国际税收治理变革：挑战、应对与机制篇

著　　者 / 王卫军　曹明星　朱长胜　姚　志

出 版 人 / 王利民
责任编辑 / 陈凤玲
责任印制 / 王京美

出　　版 / 社会科学文献出版社·经济与管理分社（010）59367226
　　　　　 地址：北京市北三环中路甲 29 号院华龙大厦　邮编：100029
　　　　　 网址：www.ssap.com.cn

发　　行 / 社会科学文献出版社（010）59367028
印　　装 / 唐山玺诚印务有限公司

规　　格 / 开本：889mm×1194mm　1/32
　　　　　 印　张：5.5　字　数：98 千字
版　　次 / 2022 年 7 月第 1 版　2023 年 2 月第 2 次印刷
书　　号 / ISBN 978-7-5201-9107-4
定　　价 / 198.00 元（全三卷）

读者服务电话：4008918866

▲ 版权所有 翻印必究